Stefanie Demann

30 Minuten

Selbstcoaching

Bibliografische Information der Deutschen Nationalbibliothek

Die Deutsche Nationalbibliothek verzeichnet diese Publikation in der Deutschen Nationalbibliografie; detaillierte bibliografische Daten sind im Internet über http://dnb.d-nb.de abrufbar.

Umschlag und Layout: die Imprimatur, Hainburg;
Martin Zech, Bremen
Lektorat: Uta Graßhoff, Frankfurt/Main
Satz: Zerosoft, Timisoara, Rumänien
Grafiken: Gudrun Hanauer, Hanauer Grafik Nürnberg
Druck und Verarbeitung: Salzland Druck, Staßfurt

4. Auflage 2012

Hinweis:
Das Buch ist sorgfältig erarbeitet worden. Dennoch erfolgen alle Angaben ohne Gewähr. Weder Autor noch Verlag können für eventuelle Nachteile oder Schäden, die aus den im Buch gemachten Hinweisen resultieren, eine Haftung übernehmen.

Printed in Germany

978-3-86936-260-1

In 30 Minuten wissen Sie mehr!

Dieses Buch ist so konzipiert, dass Sie in kurzer Zeit prägnante und fundierte Informationen aufnehmen können. Mithilfe eines Leitsystems werden Sie durch das Buch geführt. Es erlaubt Ihnen, innerhalb Ihres persönlichen Zeitkontingents (von 10 bis 30 Minuten) das Wesentliche zu erfassen.

Kurze Lesezeit

In 30 Minuten können Sie das ganze Buch lesen. Wenn Sie weniger Zeit haben, lesen Sie gezielt nur die Stellen, die für Sie wichtige Informationen beinhalten.

- Alle wichtigen Informationen sind blau gedruckt.

- Schlüsselfragen mit Seitenverweisen zu Beginn eines jeden Kapitels erlauben eine schnelle Orientierung: Sie blättern direkt auf die Seite, die Ihre Wissenslücke schließt.

- *Zahlreiche Zusammenfassungen innerhalb der Kapitel erlauben das schnelle Querlesen.*

- Ein Fast Reader am Ende des Buches fasst alle wichtigen Aspekte zusammen.

- Ein Register erleichtert das Nachschlagen.

Inhalt

Vorwort 6

1. Wo bin ich? Inventur 9

Das Gefühl, etwas unternehmen zu müssen 11
Was bin ich mir selbst wert? 13
Energieaufwand und Leistungsbereitschaft 16
Erfüllung in Beruf und Privatleben 19

2. Wie bin ich denn hierher gekommen? Analyse 23

Entscheidungen überdenken 24
Entwicklungsrückblick 27
Verpasste Chancen 29
Wo sind sie geblieben: Wünsche und Träume 30
Krise 33

3. Wo will ich hin? Ziele 37

Motivation 38
Vision 39
Potenzial 43
Talent 44
Wissen und Können 47
Stärken und Schwächen 50
Einzigartigkeit 53
Ziele 55

4. Wie mache ich mich auf den Weg? Umsetzung 65
Strategie 66
Los geht's 66
Ängste nutzen 68
Erfahrungen neu bewerten 75
Routinen durchbrechen 77

5. Wann bin ich da? Kontrolle 81
Erfolge und Belohnungen 82
Ausdauer 83
Auszeit 84
Scheitern 85

Fast Reader 90

Weiterführende Literatur 95

Stichwortregister 96

Vorwort

Wenn Sie jemals den Film „Nackte Kanone" gesehen haben, dann erinnern Sie sich vielleicht an die Szene, in der Leslie Nielsen durch New York geht und völlig geistesabwesend plötzlich mitten im Dschungel steht. Erst als der Rindenmulch lautstark unter seinen Füßen knirscht, wacht er auf, besinnt sich kopfschüttelnd und ändert seine Richtung – dahin, wo er eigentlich hinwollte.

Auch wenn unser Leben selten so absurd ist wie besagter Film: Fast jedem Menschen geht es einmal so, dass er ohne eigenes Zutun in eine Entwicklung hineingerät und dann wie in Trance einfach jahrelang in die vorgegebene Richtung weitermarschiert. Und plötzlich erwacht man und fragt sich, wie es überhaupt dazu kommen konnte. Wie ein Schiffchen auf den Wellen hat man sich von anderen hin und her werfen lassen, sich der allgemeinen Dynamik hingegeben und es entweder gar nicht gemerkt oder sich eingeredet, dass das ganz normal sei.

Doch mit einem Mal schaltet sich der eigene Wille wie ein Widerstand dazwischen und man weiß, dass es so nicht weitergehen kann: Der erste Job, den man damals angenommen hat, hat sich schon vor Urzeiten als Fiasko entpuppt. Die Stelle, die einem früher so viel Spaß gemacht hat, ist nach zahlreichen Um-

strukturierungen längst nicht mehr das, was sie einmal war, und von den früheren Kollegen ist auch kaum noch jemand da. Die Führungsverantwortung, die man zwangsläufig übernehmen musste, um nicht als unambitioniert zu gelten, liegt wie eine schwere Last auf einem. Die einst so gefragten Fachkenntnisse interessieren jetzt nicht mehr.
30 Minuten Selbstcoaching zeigt Ihnen, wie Sie systematisch herausfinden, wo Sie sich gerade befinden und wohin Sie wollen – beruflich und privat. Systematisch bedeutet nicht, dass Selbstcoaching nur funktioniert, wenn Sie jeden hier vorgestellen Gedanken nachvollziehen und jede Übung und Methode anwenden. Sie sind Ihr eigener Coach, somit entscheiden Sie selbst, welche Impulse für Sie sinnvoll sind.

Stefanie Demann ist seit Jahren erfolgreiche Selbstcoacherin. Die studierte Rhetorikerin lebt, was sie lehrt: Sie gründete als Mutter von zwei Kleinkindern „demannplus Kommunikationstraining und Coaching". Seitdem begleitet sie Mitarbeiter und Führungskräfte erfolgreich dabei, die Begeisterung für sich selbst zu entdecken und zu handeln. Ihre Kunden schätzen sie für ihr Charisma und ihr unaufdringliches Einfühlungsvermögen. www.demannplus.de

30 MINUTEN

Wo stehen Sie? Seite 9

Was sind Sie sich wert? Seite 13

Wer raubt Ihre Energie? Seite 16

1. Wo bin ich? Inventur

Sie wissen schon, wohin Sie wollen? Wunderbar. Nein, noch nicht? Großartig. Das Schöne am Selbstcoaching ist, dass Sie es in jeder Lebenslage anwenden können. Selbstcoaching ist eine Methode, die eigene Entwicklung aktiv voranzubringen. Wenn Sie schon wissen, wohin Sie wollen, können Sie Selbstcoaching-Techniken anwenden, um herauszufinden, wie Sie da hinkommen. Wenn Sie noch gar keine klare Vorstellung haben, sondern nur das Gefühl, dass etwas nicht stimmt, können Sie durch Selbstcoaching herausfinden, was Sie wirklich wollen.

Selbstcoacher befinden sich in einem Entwicklungsprozess. Das heißt, die Reise geht von A nach B. Bei B angekommen, sind Sie nicht mehr der, der Sie bei A waren. Sie haben sich entwickelt, Sie haben etwas geändert, Sie haben sich verändert. Manchen Menschen ist das zunächst nicht bewusst. Für einige ist es vielleicht ein Grund zur Besorgnis, weil man nicht vorhersagen kann, wie man sein wird. Für Selbstcoacher jedoch ist es eine gute Nachricht.

Sie können sich nicht weiterentwickeln und gleichzeitig so bleiben, wie Sie sind.

Das Gute an dieser Nachricht ist, dass Sie Ihre Entwicklung in der Hand haben. Sie überlassen Ihr Leben, Ihr Auftreten, Ihre Persönlichkeit, Ihre Wirkung, Ihre Möglichkeiten, Wünsche und Ziele nicht mehr anderen. Sie entscheiden selbst.

Bestandsaufnahme

Am Beginn steht immer die Frage: „Wo bin ich?" Wieso diese Frage wichtig ist, zeigt Ihnen folgendes Beispiel: Stellen Sie sich vor, Sie sind gerade in Nürnberg und wollen nach München. Mit dem ICE können Sie in einer Stunde am Münchner Hauptbahnhof sein. Jetzt stellen Sie sich vor, Sie sind nicht in Nürnberg, sondern in Emden. Ihr Ziel ist München. Sie sehen: Auch wenn Ihr Ziel dasselbe geblieben ist, können Sie nicht damit rechnen, in einer Stunde dort zu sein. Ihr Standort ist ein anderer und damit hat sich auch die Entfernung völlig verändert. Um Ihr Ziel, München, zu erreichen, benötigen Sie von Emden mehr Zeit und andere Ressourcen als von Nürnberg. Wenn Sie sich erst bewusst machen, wo Sie stehen, und dann beginnen, Ihr Ziel anzusteuern, bewahren Sie sich vor Enttäuschungen. Eine realistische Sichtweise auf Ihren Standort (Kapitel 1), die Ihnen zur Verfügung stehenden Ressourcen (Kapitel 3), die vor Ihnen liegende

Strecke (Kapitel 4) und Ihr Ziel (Kapitel 3.8) sind Voraussetzungen für gelungenes Selbstcoaching.

1.1 Das Gefühl, etwas unternehmen zu müssen

„Moment mal! Jetzt reicht's! So kann es nicht weitergehen!" So oder ähnlich beginnt in der Regel ein Coachingprozess. Ganz undramatisch ausgedrückt: Jemand ist nicht da, wo er gerne wäre. Die allgemeine Zufriedenheit ist ins Wanken geraten, Unzufriedenheit macht sich breit. Gründe, unzufrieden zu sein, gibt es viele:

- zu wenig Verantwortung im Job,
- keine oder wenig Anerkennung,
- mangelnde Kontakte,
- alle möglichen Formen von Druck,
- Sinnkrisen,
- lieblose Partnerschaft,
- Sackgassen-Gefühl,
- Perspektivlosigkeit.

Vielleicht trifft einer dieser Gründe auf Sie zu. Vielleicht fällt Ihnen auch noch etwas anderes ein, das Sie unzufrieden macht. Womit sind Sie unzufrieden?

____

____

Stimmt das große Ganze?

Das Gefühl, „etwas unternehmen zu müssen", haben wir immer dann, wenn das, was wir tun, nicht dem entspricht, was wir gern tun würden. Nun sind wir oft gezwungen, Dinge zu tun, die wir lieber bleiben lassen würden: Vorhänge bügeln, die Schwiegermutter besuchen, nett zum Chef sein, Telefonakquise, Bewerbungen schreiben.

Vieles können wir kompensieren, wenn wir grundsätzlich zufrieden sind. Liebe ich meinen Job in der Bank, dann nervt es mich vielleicht, Anzug und Krawatten tragen zu müssen. Aber es macht mich nicht unzufrieden. Stimmt also „das große Ganze", haben wir für die ungeliebten Dinge nicht mehr als ein Achselzucken übrig. „Das gehört halt dazu." Oder besser noch: „Das ist es mir wert." Kommt jedoch zu viel zusammen, dann werden wir unzufrieden und beginnen, nach der Ursache zu suchen.

Um zu ermessen, ob wir etwas unternehmen müssen, brauchen wir kein Gerät und auch keine Messeinheit. Beobachten Sie sich einfach eine Weile selbst, zum Beispiel morgens:

- Sind Sie ausgeruht, wenn der Wecker klingelt?
- Stehen Sie gern auf?
- Welches Gesicht begegnet Ihnen im Spiegel?
- Welche Gedanken haben Sie, wenn Sie sich für die Arbeit fertig machen?

- Freuen Sie sich auf den Tag?

Welche Dinge, die Sie nicht gern tun, fallen Ihnen immer wieder auf?

Können Sie bereits Schlüsse für sich daraus ziehen? Wenn nicht, macht das gar nichts. Sie erhalten in den nächsten Minuten noch viele weitere Anregungen.

Oft ist das Erkennen der eigenen Unzufriedenheit der Startschuss für den persönlichen Entwicklungsprozess.

1.2 Was bin ich mir selbst wert?

Man sollte von Zeit zu Zeit von sich zurücktreten wie ein Maler von seinem Bilde.

Christian Morgenstern, dt. Lyriker (1871–1914)

Von sich zurücktreten und in Ruhe erkennen, was man vor sich hat: Genau das tun Sie gerade und haben damit den meisten anderen Menschen etwas voraus. Um die Frage „Wo bin ich?“ beantworten zu können, lädt Sie dieses Buch zu einer Art Inventur ein. Im vorangegangenen Kapitel haben Sie bereits Anregungen bekommen, darüber nachzudenken, ob Sie gegenwärtig für oder gegen Ihre Wünsche und Bedürfnisse leben. In diesem Kapitel geht es darum, wie wichtig der Wert ist, den Sie sich selbst geben. Nehmen Sie sich wichtig genug? Als Selbstcoacher kommen Sie an den Punkt, an dem Sie sich wichtig nehmen – und andere als genauso wichtig erachten. Sich wichtig nehmen heißt nämlich nicht, dass man es auf Kosten anderer Menschen tut. Es hat etwas mit Stolz auf sich zu tun. Während arrogante Menschen sich bloß wichtigmachen – und andere klein.

Lernen, stolz zu sein

Wo stehen Sie? Können Sie stolz sein auf sich und auf das, was Sie bisher geleistet haben? Oder gehören Sie zu den Menschen, die nie mit sich zufrieden sind? Sagen Sie auch gern: „Wenn ich mehr Zeit gehabt hätte, dann hätte ich es noch viel besser hingekriegt"?
Es ist schwer, sich über die eigenen Erfolge zu freuen, stolz auf sich zu sein und Lob anzunehmen. Aber es lohnt sich, es zu lernen. Gerade das Lob, das wir bekommen, kann uns dabei helfen, und doch wehren wir es oft automatisch ab. „Ach was, nicht der Rede wert." „Das war doch nichts." „Das hätte ich normalerweise viel besser hingekriegt."
Was passiert, wenn Sie Lob abwehren?

- Sie machen sich klein.
- Sie berauben sich der Möglichkeit, stolz auf sich zu sein.
- Sie beleidigen denjenigen, der das Lob ausspricht.

Machen Sie sich Ihre Leistungen klar

Es gibt keine wissenschaftliche Maßeinheit, mit der Sie Ihren Selbstwert messen können. Aber uns allen ist klar, dass es ohne Selbstachtung und Selbstbewusstsein nicht geht und man mit wenig nicht erfolgreich sein kann. Es gibt viele Gründe, warum Sie ein starkes Selbstbewusstsein verdienen. Ja, Sie haben ein Recht darauf! Untermauern Sie es mit konkreten Taten aus Ihrem Leben. Zum Beispiel so:

- Ich bin Mutter dreier Kinder und berufstätig.
- Ich bin schon in der Probezeit befördert worden.
- Ich bin allein ins Ausland gegangen.
- Ich habe ein Buch geschrieben.
- Ich habe viele Freunde, die meine Art schätzen.

Indem Sie sich Ihre Leistungen klarmachen, geben Sie Ihrem Selbstwert eine begründete Basis. Oftmals ist jemandem gar nicht klar, dass er etwas Besonderes geleistet hat, dass er etwas weiß, das nicht jeder weiß, etwas kann, das nicht jeder kann. Sich das bewusst zu machen, bringt ungeheuer viel: einen gesunden Stolz auf sich und das Geleistete.

30 *Selbstcoacher haben ein gutes Selbstwertgefühl. Machen Sie sich Ihre Leistungen bewusst – und seien Sie stolz darauf.*

1.3 Energieaufwand und Leistungsbereitschaft

Für alle Menschen hat der Tag 24 Stunden, aber trotzdem gibt es Menschen, die an einem Tag so viel erledigen wie andere in einer Woche. Und die am Abend immer noch taufrisch wirken. Woher nehmen die bloß die Energie?

Beim Sport lässt sich beobachten, dass die Anstrengung nicht etwa Kräfte raubt, sondern, richtig dosiert, dem Sportler nur immer mehr Energie zu geben scheint. Wenn man sich erst mal aufgerafft hat, dann fühlt man sich hinterher oft einfach super. Mit dem Gehirn ist es das Gleiche, Sie können es nicht überbeanspruchen. Je mehr Sie Ihr Gehirn einsetzen, desto leistungsfähiger wird es. Es ist also nicht so, dass jeder Mensch ein bestimmtes Energie-Kontingent zur Verfügung hat und es den Tag über verbraucht, manche Menschen also schlicht genetisch bedingt mehr Energie haben als andere. Vielmehr entsteht Energie, wenn Sie etwas tun, das Ihnen Spaß macht.

So entsteht auch die Bereitschaft, Leistung zu erbringen. Wer ständig Dinge tun muss, zu denen er keine Lust hat, fühlt sich energielos und wird auch nicht viel zustande bringen. Wer hingegen seinen Traumjob gefunden hat, muss sich zwingen, mal eine Ruhepause einzulegen, weil er ohne Ende Ideen für Aktivitäten entwickelt.

Was macht Spaß, was raubt Energie?

Wissen Sie, was Ihnen Energie raubt oder gibt? Nehmen Sie ein Blatt Papier und zeichnen Sie einen großen Kreis darauf. Unterteilen Sie diesen Kreis wie in unserem Beispiel in 24 Abschnitte und tragen Sie ein, was Sie an einem durchschnittlichen Tag machen. Kleinste Einheit: eine Stunde. Anschließend beurteilen Sie die Aktivität mit einem Plus, wenn Sie meinen, dass sie Ihnen Energie gibt, also Spaß macht und für Sie erfüllend ist. Ein Minus vergeben Sie, wenn Sie die Aktivität nur ungern ausführen.
An unserem Beispieltag hat jemand 7 positive Aktivitäten pro Tag und 5 negative. Nur 7 Aktivitäten, die Spaß machen – eine alarmierende Bilanz, da jede negative Beschäftigung uns Energie raubt. Hier verbrauchen die kraftraubenden Tätigkeiten fast die gesamte Energie der positiven Aktionen!

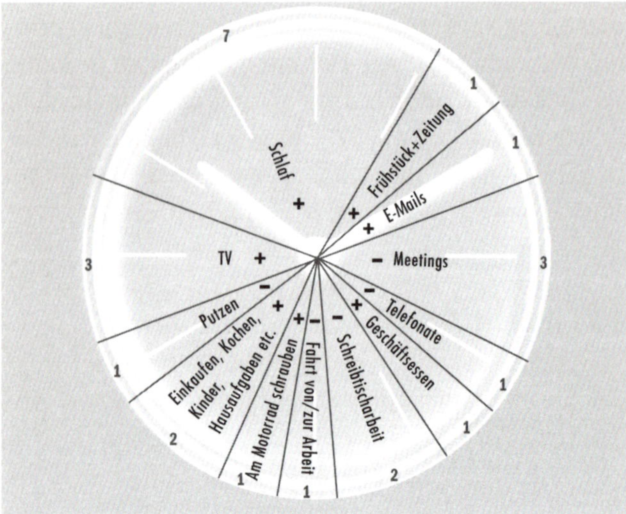

24-Stunden-Aktivitäten-Kreis

Wie viele Plus und wie viele Minus haben Sie eingetragen?
Nachdenklich sollten Sie nicht erst werden, wenn die ungeliebten Aktivitäten überhandnehmen. Jede negative Aktivität ist ein Energie-Räuber!

Minuszeichen minimieren

Ein noch differenzierteres Bild ergibt sich, wenn Sie die Plus- und Minusstunden betrachten. Die Person in unserem Beispiel verlebt 16 angenehme und 8 unangenehme Stunden an einem durchschnittlichen Tag. Immerhin ein Drittel des Tages ist ihr offenbar zuwider.

Welche Schlüsse lassen sich daraus ziehen? Möglicherweise wäre sie an einem anderen Arbeitsplatz besser aufgehoben. Zumindest kann sie sich überlegen, ob sie eine Putzhilfe engagiert, um zum Beispiel eine Stunde länger am Motorrad schrauben zu können.
Nun kann man sein Leben nicht nur mit schönen Dingen ausfüllen und nicht nur tun, was einem gefällt. Jeder hat Dinge, die erledigt werden wollen, ob sie nun Spaß machen oder nicht. Fragen Sie sich an dieser Stelle, welche der negativen Aktivitäten, die Sie in Ihrem 24-Stunden-Kreis aufgeschrieben haben, sich ändern lassen. Welche können Sie delegieren?

____

____

Sie sehen also recht schnell, wie es um Ihre Energie und Ihre Leistungsfähigkeit bestellt ist, wenn Sie sich die Plus-Minus-Liste anschauen. Wer seine Arbeit mit mehreren Minus-Zeichen versieht, sollte sich erlauben, über eine berufliche Neuorientierung nachzudenken.

1.4 Erfüllung in Beruf und Privatleben

In den letzten Jahren ist die Balance von Beruf und Privatleben immer mehr in den Vordergrund gerückt. Erfolg misst sich nicht mehr nur an der Karriere. Die Work-Life-Balance ist inzwischen ein zentrales Thema in den Chefetagen – und nicht nur eines von Müttern, die auch gern ein paar Stunden arbeiten möchten. Wie wichtig unser Umfeld ist, erkennen Menschen oft erst,

- wenn sie sich so sehr auf ihre Karriere konzentriert haben, dass sie keine Zeit mehr für Partner- oder Freundschaften haben,
- wenn die Karriere plötzlich auf der Kippe steht,
- wenn die Karriere plötzlich an Wichtigkeit verliert,
- wenn eine Krankheit alle Vorzeichen verändert.

Der Mensch ist ein soziales Geschöpf, ohne andere Menschen geht es ihm schlecht. Wer keine sozialen Kontakte hat, wird krank. Wer am Arbeitsplatz gezielter Zermürbung ausgesetzt ist, erleidet nachweisbar körperlichen Schaden. Schon in den 40er-Jahren belegte der amerikanische Mediziner und Stressforscher Walter B. Cannon, dass Stammesvölker in der Lage sind, durch Ausschluss eines Mitglieds dessen Tod herbeizuführen.

In Freundschaften und Partnerschaften haben wir die Freiheit, uns die Menschen auszusuchen, mit denen wir zusammen sein möchten. Bei der Arbeit geht das nicht. Und wir verbringen mehr Zeit mit den Kollegen als mit unseren nächsten Vertrauten.

Wie ist das bei Ihnen? Werfen Sie noch einmal einen Blick auf Ihren 24-Stunden-Kreis. Wie viel Zeit verbringen Sie mit Ihren Freunden, Ihrer Familie, Ihren Kindern und wie viel Zeit mit Zufallsbekanntschaften, wie z. B. Kollegen? Und fragen Sie sich:

- Können Sie am Zeitverhältnis etwas ändern? Möchten Sie es überhaupt?
- Fühlen Sie sich mit Ihren Kollegen und Vorgesetzten wohl? Herrscht im Unternehmen eine Kultur sozialer Akzeptanz?
- Verbringen Sie außerhalb Ihrer Arbeitsumgebung Zeit mit Menschen, die Ihnen nicht guttun?

Die Bestandsaufnahme

Um sich weiterzuentwickeln, benötigen Sie ein ordentliches Quäntchen Energie. Die eigene Situation überdenken, sich neu sortieren und sich Ziele setzen, erfordert Kraft und Ausdauer. Selbstcoacher achten darauf, dass ihre Energie nicht wirkungslos verpufft.

- ***Nehmen Sie Ihre Unzufriedenheit als Hinweis darauf, etwas zu verändern.***
- ***Geben Sie sich den Wert, den Sie verdienen.***
- ***Schauen Sie genau hin: Was gibt Ihnen Energie, was raubt Ihnen Energie?***

30 MINUTEN

Wie treffen Sie Ihre Entscheidungen?

Seite 24

Welchen Chancen trauern Sie nach?

Seite 29

Wovon träumen Sie?

Seite 30

2. Wie bin ich denn hierhergekommen? Analyse

Wenn Sie momentan nicht da sind, wo Sie gern wären, ist es zum einen sinnvoll, darauf zu schauen, wo Sie denn eigentlich stehen, und zum andern, wie Sie dort hingekommen sind. Aus welchen Gründen sind Sie dort, wo Sie sind, und nicht da, wo Sie gern wären?

Stellen Sie sich einmal vor, jemand ist in ein Unternehmen eingestiegen und nach kurzer Zeit das erste Mal befördert worden. Nun darf er vielleicht strategischer arbeiten und kann Operatives an andere delegieren. Die Karriereleiter sieht verheißungsvoll aus, die Motivation ist hoch. Dann kommt die erste Umstrukturierung, der neue Vorgesetzte schickt die ganze Abteilung „zurück an den Start", um seine Duftmarke zu setzen. Während er dies tut, steht schon der nächste Manager bereit, da das Unternehmen in Kürze von einem ausländischen Mitbewerber übernommen werden wird. Dadurch verlagert sich das Headquarter an einen anderen Standort und die hiesige

Abteilung wird abgeschafft. Der Mitarbeiter hat Glück: Er darf in einer anderen Abteilung mitmachen. Operativ, versteht sich. Die interessanten Entscheidungen werden jetzt woanders gefällt. Und was passiert? Er ist dankbar, dass man ihn nicht entlassen hat!
„Am Schreibtisch kleben bis zur Unterwürfigkeit" ist die Strategie, zu der viele Menschen übergehen, wenn ihnen die Zügel aus der Hand genommen werden. Ihre Wahrnehmung lautet: Ich habe keinen Spielraum und muss tun, was man mir sagt, damit ich nicht rausfliege. Um Ihren Spielraum wieder erweitern zu können, ist es sinnvoll, zuerst darauf zu schauen, wieso Sie in der Situation sind, die Sie unzufrieden macht. Welche Entscheidungen haben Sie in der Vergangenheit getroffen? Welche Chancen nicht erkannt? Welche Wünsche und Träume verdrängt? Welche Krisen haben Sie nicht für sich genutzt?

2.1 Entscheidungen überdenken

Ingrid Hofmann, Unternehmerin des Jahres 2002, hat in einem Vortrag einmal gesagt: „Ich habe mich mit dem Fällen von Entscheidungen immer leichtgetan. Ich habe immer sehr viel vorgedacht. Dann brauchte ich anschließend nicht so viel nachzudenken."
Denken Sie vor oder nach? Wenn Sie an dieser Stelle

innehalten und nachdenken, über Entscheidungen, die Sie getroffen oder nicht getroffen haben, was fällt Ihnen auf?

- Treffen Sie die Entscheidungen oder treffen andere die Entscheidungen für Sie?
- Warten Sie einfach ab, ob sich eine Sache von selbst erledigt?

Viele Menschen treffen fast nie aktiv Entscheidungen, sie denken nicht einmal darüber nach. Sie gehen von der Passivität der Schulzeit zu Ausbildung oder Studium über, ohne darüber nachgedacht zu haben, was sie wirklich wollen. Später nehmen sie den erstbesten Job an und lassen sich dann im Unternehmen hin und her schaukeln. Da Sie dieses Buch in den Händen halten, gehören Sie offenbar nicht zu dieser Gruppe. Oder vielleicht gab es bei Ihnen eine Zeit, in der Sie anderen wichtige Entscheidungen überlassen haben.

- Erkennen Sie, wenn eine Entscheidung eine wichtige Entscheidung ist?
- Wissen Sie meistens sehr genau, wofür Sie sich entscheiden sollen?
- Ärgern Sie sich über eine falsche Entscheidung in Ihrem Leben?

Selbstcoaching wirft an manchen Stellen mehr Fragen auf, als sie zu beantworten. Es macht nichts, wenn Sie bei einer Frage auf die Schnelle keine Antwort finden. Niemand setzt Sie unter Druck, alle Fragen jetzt und hier zu beantworten. Es ist schlicht ein Zeichen dafür, dass das Buch einen Gedanken anstößt, den Sie vielleicht selber schon hatten, aber bislang nicht weiter verfolgt haben.

Wann haben Sie bewusst wichtige Entscheidungen getroffen?

____

____

Wann wurde über Ihren Kopf hinweg entschieden?

____

____

Sobald Ihnen klar ist, dass nur Sie allein für Ihre Entscheidungen verantwortlich sind (auch dafür, dass Sie entschieden haben, anderen die Entscheidung zu überlassen), sind Sie schon ein gutes Stück vorangegangen beim aktiven Selbstcoaching.

Wie gehen Sie künftig mit Entscheidungen um?

____

____

Die Entscheidung liegt bei Ihnen – übernehmen Sie die Verantwortung für Ihr Leben selbst oder geben Sie sie ab?

2.2 Entwicklungsrückblick

Schauen Sie sich die drei Tabellen an. Sie zeigen wichtige Themen im Leben eines Menschen. Hier werden richtungsweisende Entscheidungen gefällt, die die gesamte Entwicklung eines Menschen beeinflussen. Nehmen Sie sich einen Augenblick Zeit, um zu reflektieren, welche Entscheidungen Ihre Entwicklung geprägt haben. Die Kategorie Grenzgänge bedeutet, dass Sie Ihrem Leben den gewissen Kick gegeben haben. Sie haben etwas Riskantes gewagt, Routinen durchbrochen oder sind eine neue Situation auf ungewöhnliche Art und Weise angegangen.

Wo standen Sie vor zehn Jahren?

Ausbildung/Beruf	☺	😐	☹
Finanzen	☺	😐	☹
Partnerschaft	☺	😐	☹
Gesundheit	☺	😐	☹
Fitness	☺	😐	☹
Soziale Kontakte	☺	😐	☹
Hobbys	☺	😐	☹
Grenzgänge	☺	😐	☹

Wo standen Sie vor fünf Jahren?

Ausbildung/Beruf	☺	😐	☹
Finanzen	☺	😐	☹
Partnerschaft	☺	😐	☹
Gesundheit	☺	😐	☹
Fitness	☺	😐	☹
Soziale Kontakte	☺	😐	☹
Hobbys	☺	😐	☹
Grenzgänge	☺	😐	☹

Wo stehen Sie heute?

Ausbildung/Beruf	☺	😐	☹
Finanzen	☺	😐	☹
Partnerschaft	☺	😐	☹
Gesundheit	☺	😐	☹
Fitness	☺	😐	☹
Soziale Kontakte	☺	😐	☹
Hobbys	☺	😐	☹
Grenzgänge	☺	😐	☹

Welche Tendenz können Sie ablesen? Was war früher besser? Aus welchem Grund? Welcher Bereich hat für Sie heute Dringlichkeit?

____

____

____

____

2.3 Verpasste Chancen

Eine verpasste Chance ist Ihre Chance, die nächste mit beiden Händen zu greifen! Wenn Sie sich jetzt also ärgern, dass Sie damals zu lange gezögert oder schlicht und einfach nicht erkannt haben, was für eine Chance sich Ihnen da bot, dann nehmen Sie es als Ansporn, künftig aufmerksamer und risikobereiter zu sein. Chancen bergen immer Risiken. Meist müssen wir uns schnell entscheiden. Zu schnell, um alle Vor- und Nachteile abwägen zu können. Wir wissen nicht, was alles auf uns zukommt, wenn wir „Ja" sagen und uns in das Abenteuer stürzen.

Zurückzuzucken und lieber eine Gelegenheit verstreichen lassen, ist in höchstem Maße menschlich. Es lohnt sich jedoch, das Zögern, die Unsicherheit und die anschließenden Rechtfertigungen („Das hätte eh nichts gebracht.") genauer unter die Lupe zu nehmen.

Erinnern Sie sich an eine Gelegenheit, die Sie heute beim Schopfe packen würden, kämen Sie noch mal in dieselbe Situation? Aus welchem Grund haben Sie damals nicht zugegriffen?

Was wäre wenn?

Wir können die Vergangenheit nicht ändern und doch schleppen wir oftmals Schuldgefühle mit uns herum, so und nicht anders gehandelt zu haben. Wieso habe ich damals nicht erkannt, welche Chance sich mir bot? Warum hatte ich so viel Angst? Wovor eigentlich? Heute würde ich was drum geben, wenn noch mal so eine Gelegenheit käme! Wenn Sie ein schlechtes Gewissen Ihrer Vergangenheit gegenüber hegen, fragen Sie sich: Was wäre, wenn ... Was wäre, wenn Sie sich damals anders entschieden hätten? Stellen Sie sich vor, in welche Richtung sich Ihr Leben entwickelt hätte. Wäre das wünschenswert gewesen? Wenn Sie verpassten Gelegenheiten gegenüber Schuld empfinden, können Sie sich klarmachen, dass Sie – hätten Sie sie ergriffen – nicht das erlebt hätten, was Sie erlebt haben. Vielleicht hätten Sie ja dann einige wunderbare Erlebnisse versäumt, die Sie nun zu Ihren besten Erfahrungen zählen.

30 *Sich über verpasste Chancen zu ärgern, kostet Energie. Sehen Sie lieber die positiven Seiten Ihrer damaligen Entscheidungen.*

2.4 Wo sind sie geblieben: Wünsche und Träume

Was gibt es Schöneres, als wenn unsere Wünsche in Erfüllung gehen? Und doch bleibt es so oft beim Wünschen. Ein Leben lang träumen wir vom Auswandern, vom Segelnlernen, einer Auszeit, dem Besteigen des Aconcagua, der Selbstständigkeit oder einem Ferrari. Warum schränken wir unser Handeln sofort ein, wenn es um die Erfüllung unserer Träume geht? „Das geht nicht." „Erst muss ich doch ..." „Das kann ich mir nicht leisten." „Das ist unmöglich." Ja, wieso eigentlich? Wer, außer wir selbst, kann uns hindern, uns unsere Träume zu erfüllen? Es genügt, eine einzige Frage zu beantworten: „Ist es mir das wert?"

Investiere ich mein ganzes Geld in einen Ferrari, muss ich mich vielleicht woanders einschränken, kann nicht auch noch ein Haus bauen. Wenn ich mich dafür entscheide zu kündigen, um mich selbstständig zu machen, dann gebe ich gewohntes Terrain auf und gehe neue Risiken ein. Aber ich mache mir bewusst: Das ist es mir wert!

Wovon träumen Sie?

____

____

Was ist der Preis, den Sie für die Realisierung Ihres Traums bezahlen müssen?

____

____

Ist es Ihnen das wert?

Ja ☐ Nein ☐

Was hindert Sie daran, sich zu entscheiden?

____

____

Lebenstraum oder Luftschloss

Oft erleben wir, dass es sich gar nicht so gut anfühlt, wie wir dachten, wenn wir uns endlich diesen einen Wunsch erfüllt haben. Möglicherweise sind wir einem Phantom hinterhergejagt, ohne es zu merken. Wünsche können sich auch mit der Zeit ändern, plötzlich ist es uns gar nicht mehr so wichtig, einen Sportwagen zu besitzen oder einen Weinkeller anzulegen.

Ausschlaggebend ist, dass Sie Ihre Wünsche und Träume kennen und sich entscheiden, ob Sie Ihren Wunsch realisieren wollen und wann. Als Selbstcoacher jammern Sie nicht ein Leben lang (oder dann, wenn es wirklich zu spät ist): „Wenn ich gekonnt hätte, hätte ich ja etwas unternommen." „Es hat eben nicht sollen sein." „Die Umstände haben das eben nicht erlaubt." „Ja, wenn ich in so einem Umfeld aufgewachsen wäre, dann hätte ich das auch gekonnt."

Selbstverständlich geht es hier immer um realistische Projekte. Von Dingen zu träumen, auf die wir keinen Einfluss haben, ist eine ganz andere Sache:

Der unerfüllbare Kinderwunsch oder der Lottogewinn gehören nicht in das Programm eines Selbstcoachers.

Lernen Sie Ihre Wünsche und Träume kennen und entscheiden Sie sich, ob es wert ist, diese zu verwirklichen.

2.5 Krise

Sie haben es vermutlich schon oft gehört: die Krise als Chance. Das ist eine sehr optimistische Einstellung, die sich Selbstcoacher zu eigen machen, um nicht in einer Krise zu verharren wie das Kaninchen vor der Schlange, unfähig, zu manövrieren.

Die Krise als Chance zu sehen bedeutet,

- zu hinterfragen: Wie bin ich in die Krise geraten?
- ehrlich zu sein: Was will ich ändern?
- zu handeln: Was tue ich als Erstes?

Genauso wie verpasste Chancen als Möglichkeit aufgefasst werden können, in Zukunft mehr aus sich bietenden Gelegenheiten zu machen, eignen sich auch Krisen als Motor. Dafür benötigen Sie ein gehöriges Quäntchen Optimismus. Erfolgreiche Menschen sind Optimisten. Selbstcoacher auch. Sie sehen in jedem Tiefpunkt einen Wendepunkt, in jeder Krise eine Möglichkeit und geben sich nie auf.

Bedürfnisse leben

Eine Krise gibt Ihnen die Möglichkeit, sich wieder auf das zu besinnen, was Sie wirklich wollen. Denn: Jeder Mensch hat Wünsche, jeder Mensch hat Bedürfnisse. Doch ist es das eine, Wünsche und Bedürfnisse zu haben. Das andere, sie zu kennen. Und wieder etwas anderes, sie auch zu leben. Letzteres ist gar nicht einfach, und dafür gibt es mehrere Gründe:

- Sie haben gelernt, Ihre Bedürfnisse unterzuordnen.
- Sie halten es für egoistisch, sich mit Ihren Wünschen und Bedürfnissen durchzusetzen.
- Sie passen Ihre Wünsche dem Markt an, weil man sonst untergeht.
- Sie finden es zu kompliziert, Ihre Wünsche mit denen anderer in Einklang zu bringen.
- Sie fürchten, dass es viel Energie kostet, die eigenen Wünsche zu realisieren.
- Sie finden, dass man sich nicht so wichtig nehmen sollte.
- Sie ahnen, dass Gewohntes auf der Strecke bleibt, wenn Sie sich Ihre Wünsche erfüllen.

Trifft eine der Aussagen auf Sie zu? Wenn Sie gerade

in einer Krise sind: Wie sind Sie in die Krise gekommen? Jetzt ist Gelegenheit, sich darüber Klarheit zu verschaffen, wie Sie in diese Situation kommen konnten, wie Sie wieder herausfinden und wie Sie ein zufriedeneres Leben führen können.

Was Sie ändern wollen und was Sie als Nächstes tun werden, können Sie hier notieren:

Analyse 30

Wagen Sie einen kurzen Blick in die Vergangenheit. Es hilft Selbstcoachern dabei, sich selbst besser zu verstehen. Die Gründe Ihrer bisherigen Entwicklung zu kennen ist notwendig, um Ihre Entwicklung aktiv in die Hand zu nehmen.

- ***Entscheidungen der Vergangenheit zu hinterfragen hilft, Entscheidungen für die Zukunft zu treffen.***
- ***Verpassten Chancen nicht länger hinterhertrauern.***
- ***Wünsche und Träume zulassen.***
- ***Das will ich wirklich und das ist es mir wert!***
- ***Die Krise als Chance wahrnehmen.***

30 MINUTEN

Was motiviert Sie?
Seite 38

Welche Visionen haben Sie?
Seite 39

Was ist Ihr Ziel?
Seite 55

3. Wo will ich hin? Ziele

Wir werden so konsequent abgelenkt und unterbrochen, dass viele Menschen gar nicht mehr dazu kommen, sich Gedanken darüber zu machen, was sie wirklich wollen. Sie lassen das Leben einfach laufen und wundern sich dann, wenn die Ereignisse sie überrollen. Oder sie denken sich pro forma Ziele aus, für den Fall, dass im Vorstellungsgespräch mal jemand fragt: „Wo sehen Sie sich in drei Jahren?" Ziele, die sie für wünschenswert halten.
Selbstcoacher nutzen die Möglichkeit, ihre Stärken gezielt einzusetzen, indem sie sich ein Leben lang bewusst machen, was ihr Potenzial ist und was sie antreibt. Um ein Ziel zu erreichen, ist es zunächst erforderlich, dass man überhaupt eines hat.
Die folgenden Kapitel bauen aufeinander auf: Zunächst ermitteln Sie alle Ressourcen, die Ihnen zur Verfügung stehen. Auf Basis dieser Ressourcen entwickeln Sie anschließend Ihre Ziele.

3.1 Motivation

Sie haben schon darüber gelesen, dass jemand von einer Sache nur dann wirklich begeistert sein kann, wenn er seine Energien richtig einsetzt: für die Dinge, die ihm wirklich wichtig sind. Doch wissen wir oft gar nicht so genau, was uns wichtig ist und warum. Wir können zwar sagen: „Okay, diese Tätigkeit macht mir Spaß, jene weniger und das hier hasse ich." Aber die wenigsten Menschen erkennen das Muster, das sich dahinter verbirgt. Das Muster zu verstehen, kann einem Selbstcoacher dabei helfen, von vornherein zu erkennen, ob eine Entscheidung die Erfüllung bringt oder einen Rattenschwanz ungeliebter Tätigkeiten nach sich zieht.

Wissen Sie, was Sie wirklich anspornt? Was Sie motiviert und wofür Sie bereit sind, richtig viel zu leisten? Wenn Sie es wissen möchten, machen Sie diese kurze Übung: (Quelle: Sabine Asgodom, *Leben macht die Arbeit süß*, Econ 2002, S. 47)

Streichen Sie alle Begriffe weg, die Ihnen für Ihre Motivation weniger bedeutsam erscheinen, bis nur noch 2 übrig sind. Welche beiden Motivatoren sind es?

Freiheit	Ehre
Spaß	Unabhängigkeit
Geld	Harmonie
Anerkennung	Selbstbestimmung

Muße	Erfolg
Ruhm	Herausforderung
Kollegialität	Abenteuer
Macht	Ästhetik
Sinn	Status
Freude	Sicherheit
Einfluss	Gerechtigkeit
Verantwortung	Zeitsouveränität
Vertrauen	Disziplin
Frieden	Geborgenheit

Überrascht Sie das Ergebnis? Hätten Sie Ihre Werte auch so benennen können? Macht das Ergebnis für Sie Sinn? Hat es möglicherweise Einfluss darauf, wie Sie jetzt Ihre berufliche Situation sehen? Passen sie zu dem, was Sie gerade machen? Erlauben Sie sich, darüber nachzudenken, was das Ergebnis bedeutet.

3.2 Vision

Visionen helfen uns, im ganz großen Rahmen das zu sehen, was wir gern machen, was wir gern sein würden. Es geht nicht darum, sich in unrealistische Ideen zu versteigen. Sich Visionen zu erlauben heißt, ohne sofortiges Wenn und Aber Vorstellungen zuzulassen darüber, wie wir gern sein würden, was wir gern machen würden, wo wir uns gern sehen würden, was wir gern erreichen würden.

Lassen Sie Ihren Gedanken freien Lauf: Wie muss Ihr Leben verlaufen, damit es sich lohnt, jeden Morgen aufzustehen? Was wollen Sie erschaffen? Welche Aufgabe in Ihrem Leben möchten Sie richtig gut erfüllen?

Schreiben Sie doch einmal fünf Berufe auf, die Sie gern ausüben würden:
1. ______________________________
2. ______________________________
3. ______________________________
4. ______________________________
5. ______________________________

Lässt sich an den Berufen, die Sie aufgeschrieben haben, eine Tendenz entdecken? Eine Tendenz, an der Sie ablesen können, was Sie außer dem, was Sie gerade tun, noch gern tun würden? Sind Sie Controller und haben Musiker, Rockstar, Maler, Arzt und Koch aufgeschrieben? Dann lernen Sie ein Instrument oder, wenn Sie bereits Gitarre oder Schlagzeug spielen, tun Sie sich mit anderen zusammen und leben Sie Ihre andere Seite aus. Was können Sie aus dem, was Sie aufgeschrieben haben, machen? Sehen Sie schon ein Ziel vor sich? Haben Sie bereits eine Idee, was Sie davon umsetzen können? Die Frage ist so einfach wie entscheidend: Was will ich wirklich?

Was kann ich davon als Hobby umsetzen? Was kann ich beruflich verändern?

____

____

Was ist das Wesentliche?

Eine wirkungsvolle Technik, um sich – frei von allen Zwängen – eine Idee davon zu verschaffen, was Sie wirklich wollen, ist die folgende Vorstellung: Stellen Sie sich vor, Sie liegen auf dem Totenbett. Was würden Sie wirklich bereuen, nicht getan zu haben? Sie werden wahrscheinlich feststellen, dass Sie hier keine Dinge aufgeschrieben haben, die Sie sich nicht gekauft haben. So sehr wir uns auch alles Mögliche wünschen und noch kaufen wollen; mit Krankheit und Tod konfrontiert, besinnen wir uns plötzlich auf das Wesentliche. Früher wurde der Manager noch belächelt, der alles hinwirft, um in Neuseeland ein Jugendhostel zu eröffnen. Heute ist vielen Menschen bewusster, dass Geld und Status nicht jeden glücklich machen. Als es mir während der Arbeitszeit einmal schlecht ging, ich aber noch meine Aufgaben erledigen wollte, sagte meine Vorgesetzte zu mir: „Geh nach Hause und denk dran: Wenn dir was passiert, sitzt später keiner der Geschäftsführer an deinem Krankenbett."
Und ist es nicht so? Zählt letztlich nicht, wer an unserem Bett sitzt (und wer wünscht sich schon den Ge-

schäftsführer auf die Bettkante?), wenn es uns schlecht oder mit uns zu Ende geht? Sie können die Zielformulierung auch ganz sachlich angehen: Sie haben in den vorangegangenen Kapiteln möglicherweise schon notiert,

- was es bedarf, damit Sie glücklich sind.
- welche Dinge, die Sie nicht gern tun, Ihnen immer wieder auffallen.
- was Ihre Leistungen sind.
- woraus Sie Energie ziehen und wofür Sie Energien verschwenden.
- welche fünf Berufe Sie gern ausüben würden.
- was Sie wirklich wollen.
- welche Routinen Sie gern mal auf den Kopf stellen würden.
- was Ihnen Angst bereitet.
- was Sie nervt und was Sie dagegen tun wollen.
- welche „Themen" Ihr Verhalten in einer Art und Weise prägen, die Sie in Ihrer Entwicklung behindert.
- welches Verhalten Sie hinterfragen und ändern möchten.
- wovon Sie träumen.

Welches Muster können Sie in Ihren Notizen erkennen? Haben Sie etwas entdeckt, das Sie unbedingt in Angriff nehmen möchten? Haben Sie entdeckt, dass Sie etwas nicht mehr tun möchten oder brauchen, von dem Sie es bislang gedacht haben, dass Sie es müssten? Denn: Auch das Umsteuern zeugt von Zielstrebigkeit. Gerade wenn wir meinen, etwas erreichen zu müssen, weil es von uns erwartet wird, kann es bei näherer Betrachtung etwas sein, das gar nicht gut für uns ist.

Visionen entwickeln ist eine gute Möglichkeit, um herauszufinden, was Sie wirklich wollen. 30

3.3 Potenzial

Das Potenzial eines Menschen setzt sich zusammen aus Talent, Wissen, Können und Stärken.
Ihr Potenzial ist nicht statisch, vielmehr entwickelt es sich immer weiter. Sie erwerben ständig neues Wissen, verbessern Ihr Können, entdecken und fördern Ihr Talent und bauen Ihre Stärken aus. Tun Sie dies gezielt, schöpfen Sie Ihr Potenzial voll aus. Selbstcoacher haben erkannt, dass sie einzigartig sind, und möchten immer mehr darüber wissen, was diese Einzigartigkeit ausmacht. Denn je mehr sie darüber wissen, was ihr Potenzial ist, desto gezielter können sie ihre Entwicklungen steuern: Sie können Aufgaben ablehnen, die Ihren Fähigkeiten zuwiderlaufen. Sie können Aufträge an jemand anderen wei-

terleiten, der dazu besser in der Lage ist. Sie können Projekte delegieren, die „nicht Ihre Stärke sind“. Genauso können Sie vorgehen, wenn Sie Ihr Talent, Ihr Wissen, Ihr Können und Ihre Stärken kennen: einen großen Bogen um Dinge machen, die an Ihrem Potenzial vorbeigehen, oder sich gezielt Tätigkeiten aussuchen, in denen Sie die Möglichkeit haben, Ihr ganzes Arsenal aus Talent, Können, Wissen und Stärken aufzufahren.

- **Talent**: Wissen Sie, was Ihr Talent ist?
- **Wissen und Können**: Worin sind Sie Experte, welches Fachwissen haben Sie, welche besonderen Fähigkeiten unterscheiden Sie von anderen?
- **Stärken**: Welche Stärken haben Sie?

3.4 Talent

Das eigene Talent entdecken wir häufig erst, wenn uns jemand darauf aufmerksam macht, dem wir vertrauen. Jemand, der weiß, wovon er spricht. Denn ist es nicht so, dass wir unser Talent lange Zeit für etwas Selbstverständliches halten und wir überhaupt nichts dabei finden, weil uns leichtfällt, was wir tun? Ja, dadurch, dass uns etwas leichtfällt, erscheint es uns sogar unwichtig. „Dafür musste ich mich ja gar nicht anstrengen!“ Die amerikanische Lebensberaterin

Martha Beck hat den Ausspruch geprägt: „Immer wenn du sagst: ‚Das war doch ganz einfach!', bist du deinem Genie am nächsten."

Was fällt Ihnen leicht?

____

____

Erinnern Sie sich daran, dass Sie dafür von anderen gelobt worden sind? Dass jemand genau das als etwas Besonderes hervorgehoben hat? Ein Lehrer, ein Praktikumsbetreuer, ein Vorgesetzter, Mentor oder Geschäftspartner? Vielleicht hat Sie auch schon mal jemand bewundert und Ihnen war es so peinlich, dass Sie es schnell verdrängt haben? Was immer es war, möglicherweise kam da Ihr Talent zum Vorschein. Erst recht, wenn Sie fanden, dass Sie das Lob oder die Anerkennung nicht verdient hatten, weil Sie sich dafür nicht anstrengen mussten. Das mag auch ein Grund dafür sein, warum so viele Menschen erst spät zu ihrer eigentlichen Berufung finden.

Lernen am Modell

Benchmarking, andere zum Maßstab nehmen, ist ja völlig aus der Mode geraten. Zu Recht, denn was hilft es einem Unternehmen, drei Jahre lang zu analysieren, was die Konkurrenz so erfolgreich macht, fünf

Jahre daran zu arbeiten, die Erkenntnisse umzusetzen, und dann mit einer Strategie loszulegen, die am Markt schon überholt ist. Trotzdem haben Vorbilder ihre Berechtigung. Dann, wenn sie nicht kopiert werden. Man nennt das Modell-Lernen. Man beobachtet sein Vorbild, nimmt sein Verhalten wahr und kann entscheiden, ob man etwas davon übernehmen will. Das bedeutet keineswegs, dass man eine Person komplett kopiert. Man beobachtet sie unter bestimmten Aspekten und guckt sich Details ab, die man für sich als stimmig betrachtet.

Wer beeindruckt Sie? Haben Sie ein Vorbild? Was finden Sie an dieser Person so toll, dass Sie es auch gern hätten oder könnten? Wie können Sie von Ihrem Vorbild lernen?

____

____

Ähnlichkeiten entdecken

Sie fragen sich wahrscheinlich, was das Modell-Lernen mit Talent im Allgemeinen und Ihrem Talent im Speziellen zu tun hat. Diese Frage will ich Ihnen gern beantworten: Menschen orientieren sich immer an Personen, die ihnen ähnlich sind. Sie nehmen sich immer jemanden zum Vorbild, der ähnliche Vorzüge und Eigenschaften aufweist. Das bedeutet, derjenige, den Sie sich in dieser Übung zum Vorbild genommen haben, hat ähnliche Stärken und Talente wie Sie selbst. Und Sie selbst sind gar nicht so weit davon entfernt, wie Sie denken, das zu erreichen, was Sie an Ihrem Vorbild bewundern.

Was sind Ihre Talente?

____

____

Das Wissen um Ihre Talente erleichtert Ihnen das Entwickeln Ihrer Ziele. 30

3.5 Wissen und Können

Unser Fachwissen und unser Können erweitern sich ständig. Dabei gibt es Zeiten, in denen Sie mehr Wissen aufnehmen und Ihr Können stärker verbessern. Das Schöne daran ist: Je mehr Sie wissen, desto leichter fällt es Ihnen, neues Wissen aufzunehmen, zu verstehen und Erkenntnisse für sich zu gewinnen. Hat man erst mal ein gewisses Grundverständnis eines Zusammenhangs oder Themas, erschließen sich alle dazugehörigen Felder nahezu von selbst. Plötzlich fällt es uns leicht, ein weiteres Buch zum Thema zu lesen, einem Vortrag zu folgen oder selber mitzureden.

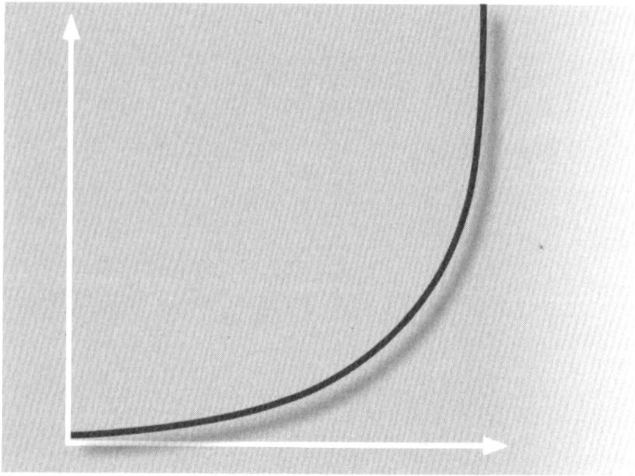

So entwickelt sich unser Wissen.

Entwicklung unseres Könnens

Mit dem „Können" ist es etwas anders, aber die Richtung ist dieselbe: nach vorn. Doch anders als beim Wissen erfolgt die Entwicklung des Könnens in Stufen. Fähigkeiten wie Klavierspielen, Skifahren oder eine Fremdsprache erfordern viel Training. Dabei scheinen wir uns zeitweise überhaupt nicht vom Fleck zu bewegen, müssen einen Part immer und immer wieder üben – und plötzlich flutscht das Ganze. Wir schießen fast über das Ziel hinaus, kommen wieder zurück auf den Boden der Tatsachen, genießen den Fortschritt und befinden uns bald wieder im mühsamen täglichen Training, das uns kaum vorwärtszubringen scheint.

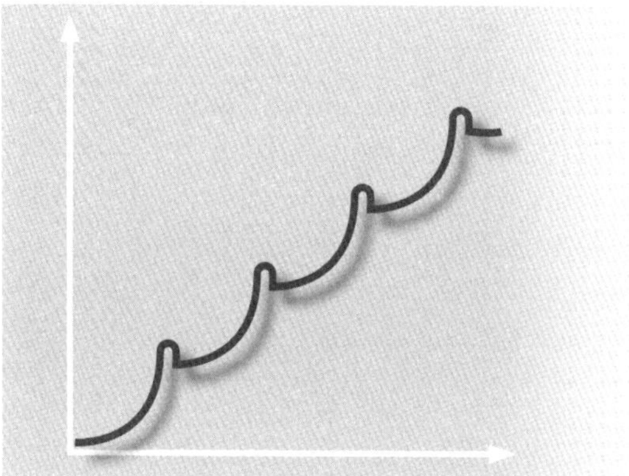

So entwickelt sich unser Können.

Die Entwicklung unseres Könnens zeichnet sich durch sogenannte Plateaus aus, Phasen, in denen wir üben, üben und nochmals üben und scheinbar nicht besser werden. Dies ist die Phase, in der die meisten Menschen frustriert aufgeben. „Ich kann das einfach nicht!“ Was sie nicht ahnen, ist, dass sie dem nächsten Plateau bereits sehr nah sind. Hört jemand auf zu üben, lässt sein Können nach, er fällt auf ein niedrigeres Plateau zurück.

Worin sind Sie Experte? Was können Sie besonders gut?

____

____

3.6 Stärken und Schwächen

Selbstcoacher wissen, dass es trotz ähnlich gearteter Lebensläufe keine identischen Menschen gibt und es darauf ankommt, die ganz persönlichen Stärken und Talente hervorzuheben. Sie sind einzigartig, und das bedeutet, dass Sie Ihren Lebenslauf auf Besonderheiten abklopfen und sich ständig selbst reflektieren – auf der Suche nach dem, was Sie von anderen unterscheidet.

Zahlen, Daten, Fakten

Schreiben Sie jetzt mindestens 10 Stärken auf. Die Beispiele sollten messbar sein, etwa: „1996 habe ich die Produktivität um 14 Prozent gesteigert." Weitere Beispiele: „Innerhalb eines Jahres habe ich die Anzahl der Presseberichte über unser Unternehmen um 25 Prozent gesteigert." „Ich bin ins Ausland gegangen und habe dort innerhalb von einer Woche einen Job gefunden." „Ich habe gleich nach der Probezeit eine bessere Position bekommen."

Es reicht nicht, wenn Sie schreiben: „Ich bin zuverlässig, gut organisiert und einfühlsam." Ihre Zuverlässigkeit, Ihr Organisationstalent und Ihre Empathie müssen Sie anhand von Zahlen, Daten, Fakten und Referenzen beweisen. Warum? Weil jeder von sich irgendwas behaupten kann. Wenn Sie aber aufschreiben, dass Sie als Vorstandsassistentin ein Sekretärinnen-Netzwerk gegründet haben, dem bereits 18 Frauen angehören, dann ist das viel aussagekräftiger und überzeugender.

Meine Stärken

1. ______________________________
2. ______________________________
3. ______________________________
4. ______________________________
5. ______________________________
6. ______________________________
7. ______________________________
8. ______________________________
9. ______________________________
10. ______________________________

Können Sie aus Ihrer persönlichen Stärkenliste etwas Neues herauslesen? Etwas, das Sie bisher nie bewusst wahrgenommen, geschweige denn betont haben? Eine Struktur, ein Muster, Gemeinsamkeiten der einzelnen Stärken, eine ungewöhnliche Kombination verschiedener Leistungen?

Schwächen

Stärken stärken, Schwächen schwächen ist das Motto beim Selbstcoaching. Schwächen schwächen Sie, indem Sie Ihre Stärken stärken. Es hilft nichts, Schwächen ausmerzen zu wollen. Fördern Sie das, was Sie

gut können, wofür Sie talentiert sind, und Sie werden merken, dass das, was Sie als Schwäche empfinden, in den Hintergrund tritt.
Möglicherweise bemerken Sie im Laufe Ihres Selbstcoachings, dass etwas, von dem Sie immer dachten, dass es Ihre Schwäche sei, gar nicht mehr so eine große Rolle spielt. Gratulation! Sie haben es geschafft, sich Ihre Stärken ins Bewusstsein zu rufen und etwas, das Sie nicht so gut können, anderen zu überlassen. Denn: Wenn Sie etwas nicht so gut können, heißt das noch lange nicht, dass es eine persönliche Schwäche ist. Niemand kann alles.

Was empfinden Sie an sich als Schwäche? Was wollen Sie wirklich verbessern?

____

____

Tipp: Rufen Sie sich Ihre Notizen aus diesem Kapitel in Erinnerung, wenn Sie später Ihre Ziele entwickeln. Sie können sie als Maßnahmen auflisten, um bestimmte Fähigkeiten weiterzuentwickeln, die Sie möglicherweise jetzt als Schwäche bezeichnen. Beispiele: kommunikative Fähigkeiten schulen, mehr Sicherheit beim freien Sprechen gewinnen, Stimme und Körpersprache verbessern.

Stärken stärken und Schwächen schwächen – so lautet das Motto des Selbstcoachings.

3.7 Einzigartigkeit

In den letzten 20 Jahren haben sich gerade bei Managern die Lebensläufe immer mehr angeglichen: Alle haben studiert, alle haben einen MBA, alle waren im Ausland, alle haben Assessment-Center durchlaufen, die nach den immer gleichen Kriterien funktionieren. Sie passen alle in dieselbe Schablone, die von den Personalabteilungen der Konzerne entworfen wurde und überall gleich aussieht.

Selbstcoacher legen ganz besonderen Wert auf Profil. Sie wollen sich unterscheiden. Sie haben etwas, das andere nicht haben, und wissen, wie sie es hervorheben. Sie setzen Einzigartigkeit gegen Profillosigkeit. Jetzt fragen Sie sich vielleicht: „Was soll an mir schon so besonders sein?“ Auf den ersten Blick ist das tatsächlich oft nicht erkennbar. Das bedeutet aber nicht, dass Sie in der grauen Masse verschwinden müssen. Die eigene Einzigartigkeit zu bestimmen, ist eine Frage der Methode. Ein Beispiel: Es gibt 1001 Mineralwässer, die alle mehr oder weniger gleich schmecken, und dennoch unterscheiden sie sich erheblich. Das eine kostet in einer einfachen

Plastikflasche 19 Cent, das andere kommt in einer blauen, geschwungenen Glasflasche daher und der Kunde berappt ohne mit der Wimper zu zucken 8 Euro. Warum? Das Mineralwasser wurde positioniert, das heißt, die Marketingfachleute haben dem Produkt eine Einzigartigkeit verliehen, die seinen Wert bestimmt. Das Wasser zu 19 Cent ist einzigartig günstig, das zu 8 Euro versprüht Luxus pur.

Was sollen andere sagen?

Nun sind wir Menschen zwar keine Produkte, wir können uns aber dennoch Methoden aus dem Marketing zunutze machen, um unsere Einzigartigkeit zu bestimmen und uns zu positionieren. An diese Aufgabe können Sie mit folgenden Fragen herangehen.

Was möchten Sie, dass andere über Sie sagen:

- Stellen Sie sich vor, einer Ihrer Kunden redet mit einem Interessenten über Sie. Was soll er über Sie sagen?
- Stellen Sie sich vor, Ihr Chef spricht mit der Personalabteilung über Sie. Was soll er als besondere Eigenschaft oder Fähigkeit hervorheben?
- Stellen Sie sich vor, Kollegen sprechen mit Ihrem Chef über Sie. Was würden Sie sie gern sagen hören?
- Stellen Sie sich vor, Kollegen sprechen mit Kollegen über Sie. Was sollen sie sagen?

Wählen Sie ein Beispiel aus. Versetzen Sie sich in die Lage der anderen. Zwei Personen sprechen über Sie. Sie sagen bloß drei bis fünf Sätze. Was sollen diese Personen sagen, damit sie Sie so beschreiben, wie Sie gern erscheinen möchten? Welche Besonderheit heben Sie hervor? Was ist Ihr hervorstechendstes Merkmal?

Ihren USP entwickeln

Wenn Sie sich Gedanken darüber gemacht haben, mit welcher Fähigkeit, Eigenschaft oder Expertise Sie bei anderen auffallen möchten, können Sie nun ein eigenes Statement entwickeln, das Sie parat haben, wenn Sie jemand fragt. „Und was machen Sie?" Was sagen Sie zu ihm, wer Sie sind und was Sie machen? Was ist Ihr überzeugendstes Merkmal? Womit verankern Sie sich in seinem Gedächtnis?

Ihr USP
Im Marketing nennt man diese Einzigartigkeit USP (Unique Selling Proposition), übersetzt: das Alleinstellungsmerkmal. Ihr USP ist das Merkmal, das Sie von anderen unterscheidet.

3.8 Ziele

Sie haben in den vorangegangenen Kapiteln jede Menge Impulse dazu bekommen, was Sie können, was Sie ausmacht, was Sie einzigartig macht. Jetzt sind Sie in der Lage, Ziele für Ihre weitere Entwicklung festzulegen. Nehmen Sie ein Blatt Papier zur Hand und verfassen Sie eine erste Version Ihres Ziels. Schreiben Sie es so auf, wie es Ihnen spontan einfällt. Jeder kennt das Gefühl, eine schwierige Aufgabe gemeistert, sich überwunden zu haben. Stolz erfüllt uns, die Selbstachtung steigt und manchmal geraten wir in einen richtigen Glücksrausch – und wollen gleich noch mal. Das Erreichen eines Ziels wirkt sich ungeheuer stark auf unsere Motivation aus. Machen Sie sich diesen Effekt zunutze, indem Sie sich erreichbare Ziele setzen. Sie kennen den gegenteiligen Effekt vielleicht von den guten Vorsätzen zum Jahreswechsel: „Ich will mit dem Rauchen aufhören." „Nächstes Jahr mache ich mehr Sport." „Ich will endlich mehr Geld verdienen." „Ich muss mir unbedingt einen neuen Job suchen." „Ich möchte so gern einen Partner finden." Solche Vorsätze münden selten in einen Glücksrausch. Sie halten nicht lange, weil sie keine wirklichen Ziele sind. Sie sind sehr ungenau formuliert und möglicherweise haben sie auch nur bedingt Einfluss auf die Zielerreichung (neuen Partner finden).

Die SMART-Formel

Die SMART-Formel kennen Sie vermutlich aus anderen Bereichen, zum Beispiel dem Projektmanagement. Sie lässt sich sehr gut für die Formulierung von Zielen nutzen, denn Sie können mit ihr die Vollständigkeit Ihres Ziels überprüfen. Nehmen Sie einmal das Blatt in die Hand, auf das Sie Ihr Ziel geschrieben haben, und untersuchen Sie es auf die folgenden 5 Punkte:

„S" steht für „specific". Ein Ziel sollte so spezifisch formuliert sein, dass sein Erreichen von niemandem außer Ihnen selbst abhängig ist. Klären Sie dabei: Was liegt in meinem Einflussbereich? Wo kann ich selbst anfangen? Also nicht: „Ich möchte einen neuen Partner finden." Sondern: „Ich gehe zweimal im Monat zur After-Work-Party."

„M" steht für „measurable". Woran erkennen Sie, dass Sie Ihr Ziel erreicht haben? Woran werden es andere erkennen? Wie halten Sie fest, was Sie erreicht haben? Messbar bedeutet also, dass Sie Ihr Ziel mit einem Wert versehen: „Bis zum 31. August habe ich ..." „In drei Jahren bin ich Marketingleiterin." „Nächstes Jahr an diesem Tag bin ich schuldenfrei."

„A" steht für „achievable". Damit Ihr Ziel erreichbar ist, lohnt es sich, darüber nachzudenken, welche Konsequenzen das Erreichen des Ziels hat. Die grundlegende Frage, die Sie sich hier stellen, ist: Ist es mir das wert? So erkennen Sie, ob das Ziel für Sie wirklich attraktiv und das Erreichen des Ziels für Sie ein Mehrwert ist, sich der Preis, den Sie zahlen, für Sie rechnet.

„R“ bedeutet „realistic“. Realistische Ziele zu definieren ist wichtig, damit Sie nicht enttäuscht werden. Sie müssen in der Lage sein, das Ziel zu erreichen. Das bedeutet nicht, dass Sie tiefstapeln müssen. Ihr Ziel darf Sie fordern, aber nicht frustrieren. Es darf visionäre Züge tragen, aber die einzelnen Komponenten (spezifisch, messbar, erreichbar, realistisch und zeitbasiert) müssen zu Ihnen passen.

„T“ steht für „time-based“. Der Termin macht aus Wünschen erreichbare Ziele. Nicht: „Ich werde bald anfangen zu joggen“, sondern: „Am 12. März fange ich an zu joggen. Ich jogge montags, mittwochs und freitags 30 Minuten, bevor ich zur Arbeit gehe.“

Geben Sie Ihren Zielen einen positiven Dreh

Die SMART-Formel hilft Ihnen dabei, die einzelnen Aspekte, aus denen sich ein Ziel zusammensetzen kann, zu finden, zu bewerten und auszuwählen. Dabei ist es nicht zwingend notwendig, dass Sie alle Komponenten in Ihr Ziel einbauen, solange Sie sich bewusst

dafür entscheiden. (Wenn Sie mit dem Rauchen aufhören wollen, dann brauchen Sie beispielsweise keine Messbarkeit oder keinen Zeitplan, es sei denn, Sie hören erst in zwei Wochen damit auf oder nehmen sich vor, nur drei Zigaretten pro Tag zu rauchen.)
Zwei Dinge helfen Ihnen, Ihr Ziel so zu formulieren, dass es positiv und damit wirkungsvoll ist:

- Das Ziel in der Gegenwartsform ausdrücken.
- Das Ziel ohne „nicht", „kein" oder andere negative Formulierungen verfassen.

Ein Ziel in der Gegenwartsform zu formulieren, hilft Ihnen dabei, sich in die Lage hineinzuversetzen, wie es wäre, wenn Sie das Ziel bereits erreicht hätten. Sportler tun dies. Sie malen sich vor dem Wettkampf intensiv aus, wie es etwa ist, den Weltrekord im Stabhochsprung zu brechen. Unterdrücken Sie nicht das Hochgefühl, das Sie bekommen, wenn Sie sich vorstellen, dass Sie Ihr Ziel bereits erreicht haben. Im Gegenteil: Sie müssen nicht warten, bis Sie Ihr Ziel tatsächlich erfüllen, um das Erfolgsgefühl zu genießen.
Formulieren Sie Ihr Ziel in der Gegenwartsform und achten Sie darauf, was Sie fühlen: Fühlt es sich gut an? Kommt es Ihnen komisch vor? Oder haben Sie vielleicht ein ungutes Gefühl? Letzteres kann darauf hindeuten, dass Ihr Ziel nicht „specific", „realistic" oder „achievable" ist.

Formulierungen in der Gegenwartsform sind z. B.:

- Ich trete beim nächsten Meeting selbstsicher auf.
- Ich verdiene ab dem nächsten Quartal 5 Prozent mehr.
- Ich bin in 3 Jahren Bereichsleiter.
- Ich arbeite ab sofort 30 Stunden.
- Ich bin für das nächste IT-Projekt verantwortlich.

„Bitte auf den Wegen bleiben!"

Der Grund, Ihr Ziel außer in der Gegenwartsform auch positiv zu formulieren, hängt mit unserem Gehirn zusammen. Denken Sie einmal an das Schild: „Rasen nicht betreten." Was sehen Sie vor Ihrem inneren Auge? Vermutlich eine große, grüne Rasenfläche, die Sie förmlich dazu einlädt, sie zu betreten. „Bitte auf den Wegen bleiben" hingegen zeigt uns ein anderes Bild: Wege. Kein Rasen weit und breit.

Wenn Sie abnehmen wollen, denken Sie doch einfach nicht ans Essen. Sehr witzig. Wer es je versucht hat, weiß, wie sinnlos das ist. Unser Gehirn tut sich schwer mit Verneinungen, in bildhafter Form ist es gar nicht dazu in der Lage: Wir sehen den Rasen und nicht das „nicht". Wenn Sie also die Wirkungskraft Ihres Ziels optimal ausnutzen wollen, dann formulieren Sie es so, dass es weder „nicht" noch „kein" oder eine andere verneinende, verbietende oder negative Formel enthält.

NICHT:
„Ich sollte mit dem Rauchen aufhören." Oder: „Ich will mit dem Rauchen aufhören." Oder: „Ich werde nicht mehr rauchen." Oder: „Ich rauche nicht mehr."

SONDERN:
„Ich lebe gesund." Oder: „Rauchen ist mir völlig gleichgültig."

Was sind Ihre Ziele?
Schreiben Sie Ihre Ziele so auf, als wenn Sie sie schon erreicht hätten. Formulieren Sie also in der Gegenwartsform und formulieren Sie positiv. Ein Ziel ist immer eine Ich-Aussage.

1. ________________________________
2. ________________________________
3. ________________________________
4. ________________________________
5. ________________________________

Das Aufschreiben hat zwei Gründe. Erstens machen Sie Ihr Ziel greifbarer, wenn Sie es ausformulieren. Ich empfehle, das Ziel nicht nur im Kopf zu haben, sondern es auch aufzuschreiben. Ob Sie es einmal tun und sich das Kärtchen über den Schreibtisch hängen oder in Ihr Portemonnaie stecken, entscheiden Sie selbst. Sie können Ihr Ziel auch, was manche Coachs empfehlen, jeden Tag 15-mal aufschreiben, um sich intensiv darauf einzustimmen. Probieren Sie aus, was Ihnen am besten passt.

Tipp: Wenn Sie daran denken, Ihre Ziele auf unausgesprochene „Ich sollte …“ zu überprüfen, können Sie verhindern, dass Sie sich Ziele setzen, die gar nicht Ihre eigenen sind.

Ziel-Check

Herzlichen Glückwünsch! Sie haben sich Ziele gesetzt. Bevor Sie darangehen, den Weg zum Ziel zu entwerfen, können Sie sich noch einen Moment Zeit nehmen und Ihr Ziel abschließend von zwei Seiten beleuchten. So gehen Sie ganz sicher, dass Ihr Ziel tatsächlich auf das zielt, was Sie erreichen wollen:

1. Wie viel Sinn steckt in Ihrem Ziel? Denken Sie über den tief empfundenen Sinn Ihrer Ziele nach. Tut sich bei allen Ihren gewählten Zielen ein tieferer Sinn auf? Wenn nicht, kann es darauf hindeuten, dass die Ziele nicht stark genug oder nicht Ihre eigenen sind. Sinn zu erreichen ist eine sehr starke Motivation. Menschen sind oftmals bereit, vieles auf sich zu nehmen und auf vieles zu verzichten, wenn sie ihre Aufgabe als sinnvoll erleben.

2. Was ist das Ziel hinter Ihrem Ziel? Wenn Ihr Ziel lautet „Vorstand eines DAX-Unternehmens sein", dann könnte dahinter das eigentliche Ziel nach Status, Respekt, Anerkennung, Macht und Einfluss stehen. Fragen Sie sich, ob Sie das Ziel hinter dem Ziel möglicherweise auch anders erreichen.

Ziele

Sich Ziele zu setzen ist das Herzstück des Selbstcoachings. Ohne Ziele kommen Sie zwar auch irgendwohin, aber später fragen Sie sich vielleicht: „Was soll ich hier?!" Damit Ihre Ziele erreichbar und trotzdem ambitioniert sind, ist es gut, alle persönlichen Ressourcen zu kennen:

- ***Was motiviert mich wirklich?***
- ***Was wäre, wenn … Eine Vision entwickeln.***
- ***Was kann, habe, weiß ich alles?***
- ***Was ist meine besondere Begabung?***
- ***Wow, ich bin einzigartig!***

Überprüfen Sie Ihre Ziele anhand der SMART-Formel. Formulieren Sie Ihre Ziele positiv und in der Gegenwartsform.

30 MINUTEN

Wovor haben Sie Angst?
Seite 68

Was hindert Sie?
Seite 75

Was werden Sie ändern?
Seite 77

4. Wie mache ich mich auf den Weg? Umsetzung

Sie haben das Buch bis hierher gelesen, sich einige Gedanken gemacht, aber noch nichts Konkretes unternommen? Oder haben Sie das Buch gelesen und mehr als 30 Minuten investiert? Sich von den Anregungen und Ideen mitreißen lassen und sich Ziele vorgenommen? Ihre Ziele sind einzigartig und genauso individuell ist auch der Weg, den Sie gehen werden. Kapitel 4 handelt deshalb davon, wie Sie sich die ersten Schritte zu Ihrem Ziel erleichtern. Und wie Sie die drei größten Hinderer für Ihr Vorankommen nutzen: Angst, Erfahrungen und Routinen.

4.1 Strategie

Wer ein Ziel hat, braucht eine Strategie, um es zu erreichen. Sie haben ein Ziel definiert, vielleicht auch zehn. Sie werden feststellen, dass es leichter ist, das Ziel zu erreichen, wenn Sie es in Maßnahmen zerlegen, sich also einen Aktionsplan erstellen, der einem zeitlichen Ablauf folgt. Machen Sie für jedes Ihrer Ziele einen eigenen Plan der Aktionen, die notwendig sind, damit Sie Ihr Ziel erreichen.

Aktion 1		erledigt bis:
Aktion 2		erledigt bis:
Aktion 3		erledigt bis:
Aktion ...		erledigt bis:

4.2 Los geht's

Das Wichtigste ist, dass Sie sich jetzt auf den Weg zum Ziel machen. Womit Sie anfangen, spielt keine Rolle, sofern Sie irgendetwas tun, das Sie auf den Weg bringt. Es kann auch etwas ganz Kleines sein. Wenn Sie nicht genau wissen, was Sie nun tun sollen, lade ich Sie dazu ein, sich von diesem Vorschlag inspirieren zu lassen:

Wenn Sie jemals die Erfahrung gemacht haben, dass Sie nicht mehr aufhören können zu putzen, aufzuräumen, umzudekorieren oder zu reparieren, wenn Sie sich erst einmal dazu aufgerafft haben, dann ist folgende Übung möglicherweise ein idealer Energie-Lostreter für Sie:

- Was liegt schon ewig im Weg rum und nervt Sie jedes Mal, wenn Sie darüber stolpern?
- Welcher Gegenstand kann schon länger nicht benutzt werden, weil er repariert werden muss?
- Welches Chaos (Schreibtisch, Küchenschubladen, Gartenhäuschen, Garage) geht Ihnen schon seit Langem auf den Geist?
- Welche Kleidungsstücke in Ihrem Schrank tragen Sie schon seit einer Ewigkeit nicht mehr?

Ballast abwerfen

Eine solch praktische Übung mag Ihnen im ersten Moment komisch vorkommen. Was hat mein Gartenhäuschen mit Persönlichkeitsentwicklung zu tun? Sehr viel. Denn tatsächlich geht es vielen Menschen so, dass sie einen wahren Energieschub für Veränderungen auslösen, indem sie etwas Greifbares in ihrem Umfeld verändern: alten Krempel auf den Sperrmüll schmeißen, Kleidung ausrangieren und den Schrank neu einräumen, das Wohnzimmer neu streichen, von 17 nie benutzten Kugelschreibern nur 3 übrig lassen, das Fahrrad reparieren, das Auto saugen, die Kontoauszüge abheften.

Wenn Ihnen an dieser Stelle auch etwas eingefallen ist, das Sie schon längst aus dem Weg schaffen wollten, dann probieren Sie es aus. Das Gefühl, sich von altem Ballast zu befreien, wird Sie beflügeln, auch innere Veränderungen mit viel Motivation anzugehen. Doch auch hier gilt: Kleine Veränderungen genügen. Machen Sie keine umfangreichen Listen, was Sie alles in Kürze erledigen wollen. Wenn Sie es dann nicht durchhalten, ist der ganze Schwung wieder dahin. Es genügt vollkommen, wenn Sie eine Aktion ausprobieren und feststellen, dass Ihnen die Verbesserung neue Energie gibt.

30 *Werfen Sie Ballast ab – das gibt Ihnen Energie für die Umsetzung Ihrer Ziele.*

4.3 Ängste nutzen

Es gibt viele Gründe, warum Menschen Angst haben: Angst, die Kontrolle zu verlieren, Angst, sich zu überschätzen, Angst, sich zu irren, Angst, aufs falsche Pferd zu setzen, Angst, aufzufallen, Angst, sich zu blamieren. Oder Angst vor Veränderung. Dabei verändert sich im Leben ständig alles, ob es uns gefällt oder nicht. Selbstcoacher gestalten lieber mit, statt von anderen gestaltet zu werden.

Ängstlichkeit ist ein Bestandteil jeder Persönlichkeit. Versuchen Sie nicht, die „Angst besiegen" oder sie ausschalten zu wollen.

Wenn Sie beim Gedanken an etwas, das Sie gern tun möchten, Angst überfällt, dann hören Sie genau hin. Nutzen Sie die Angst als Ratgeber:

- Wovor habe ich Angst?
- Was kann schlimmstenfalls passieren?
- Was bleibt mir, wenn der Worst Case eintritt?
- Was kann ich unternehmen, damit der Worst Case nicht eintritt?

Beispiel

Henrik hat wie so viele schon lange davon geträumt, nach Kanada auszuwandern. Aber bis jetzt hat es immer zu viele Gründe gegeben, warum „es nicht ging". Jetzt ist er an einem Punkt, an dem er es wagen will. Tausend Sorgen treiben ihn um, die Angst, dass das Ganze ein Flop wird. Was kann er unternehmen, damit seine Unternehmung kein Flop wird?

- Sich genügend Zeit für die Vorbereitung nehmen.
- So viele Informationen sammeln wie möglich.
- Kontakte knüpfen, Interviews mit Auswanderern führen, Deutsche in Kanada ausfindig machen.
- Testweise hinfliegen.
- Arbeitsvermittlungen kontaktieren.

Sie sehen, wie wichtig es ist, auf seine Gefühle „zu hören", auch auf Furcht und Angst. Angst kann ein wichtiger Ratgeber sein. Wenn man richtig mit ihr umgeht, hilft sie uns, Risiken zu vermeiden.

Gefühle ernst nehmen

Aber auch noch aus einem anderen Grund ist es wichtig, Gefühle ernst zu nehmen: Gefühle haben Einfluss auf unser Denken und Handeln. Jemand, der ständig denkt: „Das krieg ich eh nicht hin!", wird mit hoher Wahrscheinlichkeit weniger erfolgreich sein als jemand, der optimistisch denkt.
Genauso wie Sie konstruktiv mit Ängsten umgehen können, indem Sie die Ursachen dafür anpacken (z. B. eine Präsentation akribisch vorbereiten und proben), genauso können Sie auch andere Gefühle verändern. Stehen Sie jeden Morgen mit dem Gedanken auf, dass der Arbeitstag hoffentlich bald um sein möge? Graust es Ihnen schon bei dem Gedanken an den Anruf, den Sie am Vormittag tätigen müssen? Überkommt Sie ein Gähnen, wenn Sie sich die stundenlangen Meetings am Nachmittag ausmalen? Oder befällt Sie schiere Verzweiflung, wenn Sie an die sture Kollegin denken, die Ihnen im Büro gegenübersitzt?

Sie können sich verändern!

Als Selbstcoacher haben Sie exakt drei Möglichkeiten, um diese Situationen zu verändern:

1. Sie ändern Ihre Gefühle.
2. Sie ändern Ihre Gedanken.
3. Sie ändern Ihr Verhalten.

Jetzt denken Sie vielleicht: „Das kann ich nicht. Wie soll ich etwas anderes empfinden als pure Langeweile, wenn ich zum hundertsten Mal in ein Meeting gehe, in dem nichts passiert, außer dass viele Leute viel dummes Zeug erzählen?" Doch, Sie können. Als Selbstcoacher können Sie es ändern.

1. Gefühle: Sie können Ihre Perspektive ändern und das Meeting aus einem anderen Blickwinkel betrachten, der nicht „Langeweile" zur Folge hat. Zum Beispiel indem Sie sich vor dem Meeting betont fröhlich stimmen.
2. Gedanken: Sie können in das Meeting gehen mit der Einstellung: „Diese Meetings finden statt, weil sie wichtig sind. Ab heute nehme ich das Meeting ernst."
3. Verhalten: Sie können Ihr Verhalten ändern: „Ich werde dazu beitragen, dass das Meeting ein konstruktives Ergebnis hervorbringt."

Was nervt Sie so richtig?

____

____

Tun Sie etwas dagegen.

1. Ändern Sie Ihre Gefühle. Beim nächsten Mal werde ich ______________________________

2. Ändern Sie Ihre Gedanken. Beim nächsten Mal werde ich ______________________________

3. Ändern Sie Ihr Verhalten. Beim nächsten Mal werde ich ______________________________

Dass Sie mit Verhalten Ihre Gefühle beeinflussen, zeigt Ihnen diese kleine Übung:

Lächeln Sie das Buch an oder die Wand vor Ihnen oder lächeln Sie einfach geradeaus. Halten Sie das Lächeln kräftig für 60-90 Sekunden. Kurz darauf werden Sie merken, dass Sie sich besser fühlen. Das ist keine Einbildung, sondern ein biochemischer Vorgang, den die Gesichtsmuskeln anstoßen und der in einer Hormonausschüttung im Gehirn gipfelt.

„Gedankenhygiene" betreiben

Gefühle, Gedanken und Verhalten bedingen sich gegenseitig. Als Selbstcoacher haben Sie die Macht, Ihre Gefühle zu ändern, indem Sie bewusst „Gedankenhygiene" betreiben. Sie können Ihre Gedanken verändern, indem Sie sich bewusst anders verhalten als bisher, und werden merken, dass Sie sich dabei auch anders fühlen.

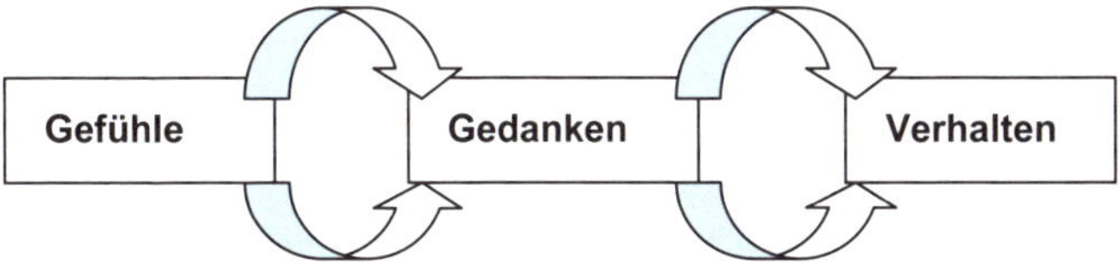

Eingeschliffene Verhaltensweisen ändern

Vielleicht machen Sie schon bald die Erfahrung, wie leicht sich Verhalten ändern lässt. Wenn Sie bisher angenommen haben, es sei schwer, jahrelang eingeübte Verhaltensweisen zu verändern, dann hält dieses Buch eine gute Nachricht für Sie bereit: Es ist nicht schwer, Verhalten zu verändern. Was Sie benötigen, ist Mut und Willen. Mut brauchen Sie, weil Ihre Veränderung von der Umwelt wahrgenommen wird. Einige Menschen um Sie herum werden sich vielleicht wundern. Letztendlich kann Sie aber niemand daran hindern, Verhaltensweisen abzulegen, die Sie für sich als hemmend erkannt haben. Willen brauchen Sie, um es wirklich zu tun (genauso, um etwas zu lassen). Oft sind Coaching-Kunden darüber erstaunt, wie leicht es ist, sich anders zu verhalten. Die anschließend erlebte Reaktion der Umwelt trägt dazu bei, die eigene Änderung willkommen zu heißen. Langfristig geht beides in die Entwicklung Ihrer Persönlichkeit über.

Widerstandsfähiger gegen Veränderungen sind Werte, Einstellungen, das Selbstbild und sogenannte Glaubenssätze. Prägen sie das Verhalten, ist es erforderlich, dass Sie als Selbstcoacher erkennen, welche Werte und Einstellungen Sie geprägt haben. Denn: Auch sie lassen sich verändern, wenn Sie es wollen.

Haben Sie schon eine Idee, welche „Themen" Ihr Verhalten in einer Art und Weise prägen, die Sie in Ihrer Entwicklung behindert?

___

___

Aus der Coaching-Praxis

Hier einige Beispiele zu Einstellungen und „Glaubenssätzen". Kommt Ihnen eines davon bekannt vor?

Frauen:

- nur nicht auffallen
- sich nicht in den Vordergrund spielen
- es allen recht machen
- hübsch und schlank sein
- freundlich und nett sein
- stets eine gute Atmosphäre herstellen

Männer:

- ständig im Wettbewerb sein

- keine Schwäche zeigen
- Gefühle für sich behalten
- das starke Geschlecht verkörpern
- bloß keine Fehler machen
- stets logisch an die Dinge herangehen

Negative Gefühle und Gedanken haben Einfluss auf Ihr Verhalten und bremsen Ihren Entwicklungsprozess. Lernen Sie, diese Gefühle und Gedanken zu verändern. 30

4.4 Erfahrungen neu bewerten

Wie Sie sich fühlen, hängt nicht davon ab, was Ihnen passiert, sondern davon, wie Sie die Dinge, die Ihnen passieren, auslegen.

Brian Tracy, US-amerikanischer Persönlichkeitstrainer

John Bargh, ein Psychologe der amerikanischen Universität Yale, hat dokumentiert, wie solche Einstellungen unser Handeln beeinflussen:
Auf einem Flughafen sprach sein Team wahllos Passagiere an, die auf ihren Flug warteten, und bat sie, an einem psychologischen Test teilzunehmen. Der einen Hälfte stellte man Fragen nach ihrem besten

Jugendfreund, der anderen nach dem Kollegen, mit dem sie am wenigsten Lust hätten, nach der Arbeit noch ein Bier trinken zu gehen. Ohne es zu merken, waren die Probanden damit bereits beeinflusst. Das zeigte sich, als Barghs Mitarbeiter sie fragten, ob sie bei einem weiteren Test mitmachen würden. Fast ohne Ausnahme wollten alle, die zuvor an ihren Freund erinnert worden waren, an dem nächsten Experiment teilnehmen. Diejenigen, die über den unsympathischen Kollegen nachgedacht hatten, lehnten ab.

„Der Gedanke an einen Freund ließ sie kooperativ sein, der Gedanke an einen Kollegen unkooperativ“, erklärt Bargh. Die Probanden wiesen diese Erklärung empört von sich und gaben verschiedene andere Gründe für ihr Verhalten an: „Ich war gestresst“ oder: „Ich musste mein Flugzeug erreichen“. Bargh hat Verständnis für diese Rechtfertigungen: „Es ist schon beängstigend, am eigenen Leib so manipuliert worden zu sein.“

Mechanismen hinterfragen

Können wir also gar nicht anders, als so zu handeln, wie wir handeln? Doch. Wir können, wenn wir wollen. Voraussetzung ist, dass wir Mechanismen durchschauen und gezielt gegensteuern. Grundsätzlich aber gilt: Gelernte Erfahrungen, die unsere Gefühle

(Freund= gut) und unser Verhalten (=kooperativ) steuern, sind lebensnotwendig, um als soziales Wesen innerhalb einer Gesellschaft zu bestehen.
Wir können Mechanismen hinterfragen, wenn sie dazu beitragen, dass wir unser Leben nicht genießen können. Wir können nicht jeden Mechanismus hinterfragen, der uns durch den Tag steuert. Dafür ist das Programm viel zu komplex und es wäre auch unsinnig. Als Selbstcoacher konzentrieren Sie sich auf das, was wirklich wichtig für Sie ist.

Welches Verhalten möchten Sie hinterfragen und ändern? Wo liegen Ihrer Meinung nach die Gründe für dieses Verhalten?

____

____

4.5 Routinen durchbrechen

Mit der Lektüre dieses Buches begeben Sie sich in Gefahr. Es besteht die Gefahr, dass Sie demnächst etwas anders machen als bisher. Und dass andere sich über Sie wundern oder Ihnen gar verständnislos begegnen. Aber ist das nicht auch reizvoll? Etwas anderes tun, als alle erwartet haben, oder etwas anders zu tun als alle anderen? Selbstcoacher berichten

von erstaunlichen Erfahrungen mit Grenzgängen, dem Durchbrechen von Routinen. Man nimmt plötzlich Dinge wahr, die vorher nicht „da gewesen“ zu sein schienen, man sieht Alltägliches plötzlich mit anderen Augen, entdeckt ungeahnte Eigenschaften.
Die Entwicklung von Punkt A zu Punkt B, die ich eingangs beschrieben habe, ist ein Prozess, der durch die Eröffnung neuer Perspektiven belebt wird. Sinn eines Coachings ist es ja, dass der Gecoachte (Coachee) neue Handlungsmöglichkeiten entdeckt. Dabei unterstützt ihn der Coach. Selbstcoacher eröffnen sich neue Handlungsmöglichkeiten durch gezielte Perspektivenwechsel.

Kleine Änderungen, große Wirkung

Eine Möglichkeit bietet zum Beispiel das Durchbrechen von Routinen: Routinen sind gut und wichtig, sonst müssten wir ja ständig alles neu entscheiden. Sie können aber auch wie Amöben sein, die sich über alles stülpen und einem Leben jeglichen Esprit rauben.
Was Sie an dieser Stelle ausprobieren können: Durchbrechen Sie eine Ihrer täglichen Routinen. Das muss nichts Weltbewegendes sein. Stehen Sie zum Beispiel einen Morgen mal nicht um 6.30 Uhr auf, sondern um 4.15 Uhr. Oder arbeiten Sie mal einen Tag, wenn das möglich ist, von 18 Uhr bis 2 Uhr morgens. Wieso? Weil eine so winzige Änderung Ihnen das Gefühl

gibt, etwas ganz Außergewöhnliches zu tun. Es kribbelt, man fühlt sich wie ein Abenteurer. Es kann ein Anstoß sein, auch größere Veränderungen zu wagen, wenn Sie merken, wie viel Spaß es macht, einmal etwas Alltägliches auf andere Weise zu tun.

Welche Routine würden Sie gern mal auf den Kopf stellen?

____

____

Umsetzung 30

Wenn Sie sich Ziele gesetzt und einen Aktionsplan entwickelt haben, dann heißt es jetzt: Durchstarten! Packen Sie die Maßnahmen an, die Sie ans Ziel bringen.

- ***Was zählt ist: Anfangen!***
- ***Belasten Sie sich nicht mit Dingen, die Sie gar nicht wirklich wollen.***
- ***Die Kontrolle über Ihren Verstand, Ihre Gefühle und Ihr Verhalten bringt Sie sich selbst näher.***
- ***Die Beherrschung Ihrer Ängste bringt Sie Ihrem Ziel näher.***
- ***Sich Erfahrungen und Routinen bewusst machen, hilft Ihnen dabei, sie selbstbestimmt zu verändern.***

30 MINUTEN

Haben Sie sich schon belohnt?
Seite 82

Haben Sie Ihr Ziel erreicht?
Seite 83

Haben Sie Ihr Ziel verändert?
Seite 84

5. Wann bin ich da? Kontrolle

Sie haben es schon gelesen: Einmal mit dem Selbstcoaching begonnen, hört ein Selbstcoacher nicht mehr auf. Das bedeutet aber nicht, dass man niemals bei B ankommt. Es lässt sich ganz einfach feststellen, ob Sie angekommen sind. Sie haben sich ein Ziel gesetzt und dieses Ziel mit einem Messwert versehen, zum Beispiel einem Datum. Sie haben Ihr Ziel aufgeschrieben und das Datum möglicherweise in Ihrem Kalender vermerkt. Daran erkennen Sie also sehr leicht, ob Sie Ihr Ziel erreicht haben oder nicht.

Aber was, wenn es nicht ganz so glattlief? Immerhin haben wir ja nicht auf alles Einfluss, und selbst wenn Sie Ihr Ziel so entwickelt haben, dass Ihr Glück nicht von anderen abhängig ist, kann dennoch etwas dazwischenkommen und alles verändern. Ziele sind nicht statisch, unser Weg nicht linear. Bewahren Sie sich Flexibilität und lassen Sie sich auf Überraschungen ein. Dann verlieren Sie nie die Zuversicht, aus sich das Beste zu machen, das möglich ist.

5.1 Erfolge und Belohnungen

Wann haben Sie das letzte Mal etwas für Ihr Wohlbefinden getan? Unabhängig davon, ob Sie Ihr Ziel schon erreicht haben, sollten Sie darauf achten, dass es Ihnen so gut wie möglich geht. Verwöhnen Sie sich. Was tut Ihnen gut?

____

____

Es ist eine Typfrage, ob Sie erst Ihr Ziel erreicht haben wollen, um sich zu belohnen. Manche Menschen brauchen diese Klarheit. Erst die Arbeit, dann das Vergnügen.

Es gibt aber auch viele Menschen, die sich genau dadurch demotivieren, dass sie lange auf die Belohnung warten müssen. Für sie kann es sinnvoll sein, sich auch vorher schon zu belohnen, zum Beispiel für das Erreichen eines Zwischenziels. Es steigert ihre Zuversicht, das große Ziel zu erreichen. Sie gehen davon aus, dass sie es schaffen, belohnen sich aber auch zwischendurch schon einmal. Manchen geht es auch so, dass sie in Gedanken schon wieder weiter sind, das nächste Ziel vor Augen, bevor sie eines erreicht haben. Dann stellt sich unter Umständen gar nicht die erwartete Euphorie ein. Deshalb erlauben Sie sich einfach, vorher zu feiern, wenn Sie eine Aktion bewältigt haben.

Feiern Sie sich

Spätestens wenn Sie Ihr Ziel erreicht haben, sollten Sie feiern. Feiern Sie sich! Haben Sie bis jetzt keinem davon erzählt? Dann wird es jetzt Zeit. Laden Sie Freunde ein und veranstalten Sie ein Fest. Machen Sie einen Kurztrip mit Ihrem Partner. Gehen Sie in ein tolles Restaurant. Kaufen Sie sich den Kaschmir-Pulli. Was für Sie eine richtig tolle Belohnung ist, wissen Sie selbst am besten. Belohnen Sie sich: Sie haben es sich verdient!

Finden Sie heraus, was Ihnen guttut, und belohnen Sie sich, wenn Sie ein Ziel erreicht haben. 30

5.2 Ausdauer

Wenn Sie sich ein Ziel gesetzt haben, dieses vielleicht sogar in Etappen eingeteilt haben, dann brauchen Sie Ausdauer. Und die werden Sie haben, wenn Sie sich ein Ziel gesetzt haben, das für Sie das richtige ist.
Es ist nicht immer der große Wurf, der Ihnen signalisiert, dass Sie Ihr Leben selbstbestimmt leben. Auch kleine Veränderungen zeigen, dass Sie als Selbstcoa-

cher erfolgreich sind, und jede Feinjustierung, die Ihr Leben verbessert, ist ein Anlass für ehrlichen Stolz. Oft kommt es vor, dass Kunden eines Coachings hochtrabende Pläne entwickeln und sofort darangehen wollen, ihr Leben komplett umzukrempeln. Das kann sinnvoll sein. Genauso sinnvoll, effektiv und nachhaltig kann es sein, wenn Sie winzig kleine Veränderungen vornehmen.
Verhalten lässt sich manchmal erstaunlich leicht verändern. Reagiert das Umfeld auf diese Veränderungen, beeinflusst das Ihre Persönlichkeit – der erste Schritt ist vollzogen. Jetzt sind ein starker Wille und Ausdauer gefragt, um am Ball zu bleiben und nicht in alte Verhaltensmuster zurückzufallen. Reflektieren Sie Situationen, in denen Sie sich bewusst anders verhalten haben, um etwas zu verändern – und genießen Sie diesen Erfolg.

5.3 Auszeit

Viele stark eingespannte Menschen nehmen sich in regelmäßigen Abständen eine Auszeit. Sie machen ein Klosterwochenende, gehen zwei, drei Tage allein ins Hotel, machen eine mehrtägige Wanderung oder eine einsame Kanutour. Hauptsache, das Handy ist ausgeschaltet, der Terminkalender bleibt im Büro, die Kin-

der sind versorgt und der Kopf kann sich von den tausend alltäglichen Verpflichtungen frei machen.
Wäre das auch etwas für Sie? Wohin würden Sie entfliehen, um den Kopf frei zu bekommen? Um Ihre Ziele, Ihre Strategie, die Wirkung Ihrer Maßnahmen, kurz: Ihre Entwicklung unter die Lupe zu nehmen? Um zu sehen, wann Sie „da" sind, lohnt sich eine solche Auszeit. Sie dient dazu, Ihre Situation zu reflektieren: Habe ich mein Ziel erreicht? War es das wert? Was kommt jetzt?
Vielleicht stellen Sie auch fest, dass sich Ihr Ziel verändert hat. Dann machen Sie einfach eine neue Aufstellung Ihrer Ziele und entwerfen einen neuen Aktionsplan. Genauso, wie das Leben weitergeht, begleitet Sie das Selbstcoaching bis ans Ende.

5.4 Scheitern

Viele Erfolgsratgeber kennen den Begriff Scheitern gar nicht. Erfolgsdenken muss stets positiv sein. Wer ans Scheitern denkt, ist schon gescheitert. Ganz so simpel ist es nicht. Ich finde, dass Scheitern zum Leben dazugehört und es überhaupt nicht bedeutet, von Anfang an alles falsch gemacht zu haben. Auf jeden Fall muss erlaubt sein, über ein mögliches Scheitern nachzudenken.

Das Leben ist keine Zielgerade

Auch wenn Sie Ihre Ziele so gesteckt haben, dass Sie nicht von anderen abhängig sind, können wir nicht ignorieren, dass wir im Wechselspiel mit unserer Umwelt leben. Hier gibt es viele Faktoren, auf die wir keinen Einfluss haben. Dinge passieren, die wir nicht ändern, nicht rückgängig machen können.

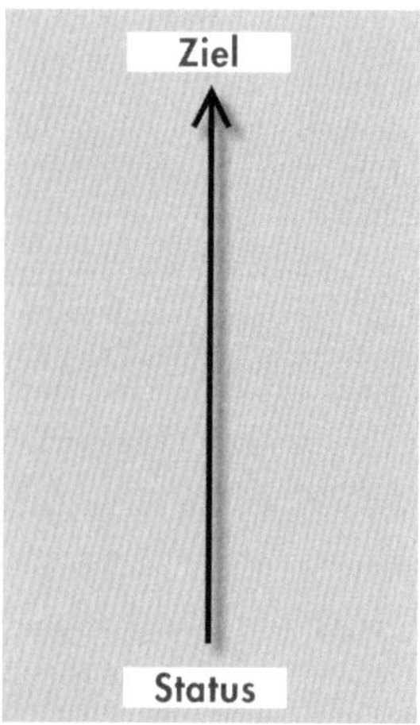

Das Leben ist auch mit Strategie keine Zielgerade.

Und noch etwas gilt es zu bedenken: Ziele können sich ändern. Reflektieren Sie daher regelmäßig, ob Sie Ihr ursprüngliches Ziel überhaupt noch erstrebenswert finden. Vielleicht hat sich Ihre Zielsetzung ja geändert und somit auch Ihre Strategie und alle damit zusammenhängenden Maßnahmen. Die Mutter des Coachings, Sabine Asgodom, hat einmal gesagt: „Krampfhaft an überholten Zielen festzuhalten, ist auch eine Form von Ziellosigkeit." Es ist also keineswegs ein Scheitern, wenn Sie Ziele über Bord werfen und sich neu orientieren.

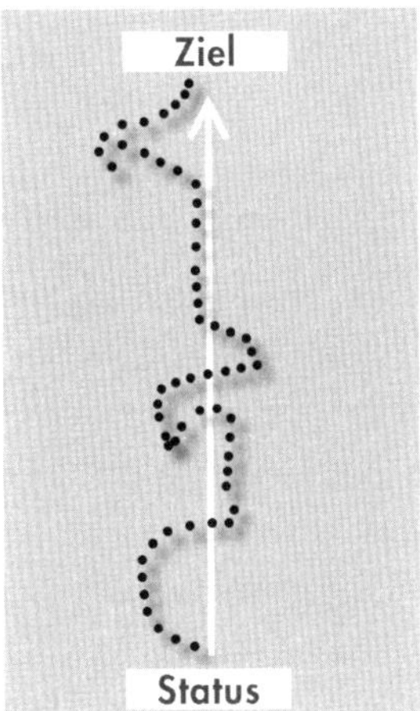

Umwege bedeuten nicht Scheitern.

Deshalb ist ein solcher Verlauf, wie oben zu sehen, sehr typisch und kein Zeichen von Schwäche, Inkonsequenz oder Orientierungslosigkeit. Wenn sich Ihre Ziele verändern, wird sich auch Ihr Weg verändern. Wenn sich Ihr Ziel nicht verändert, ist es dennoch völlig normal, wenn Sie hinter sich Schlangenlinien sehen. Warum? Weil wir selten direkt ans Ziel kommen. Wir müssen Umwege gehen, eine Extrarunde drehen oder kommen aus Versehen vom Weg ab, weil wir abgelenkt werden. Hier ist Geduld gefragt. Streben Sie nicht die Zielgerade an, sondern lassen Sie sich Zeit.

Zwei vor, einen zurück

Worauf es ankommt, ist, dass Sie sich von einem Scheitern nicht entmutigen lassen. Haben Sie Ihr Ziel nicht erreicht? Dann nehmen Sie sich Zeit, um sich von der Enttäuschung zu erholen, und starten Sie erneut, indem Sie sich fragen, welche Gründe es dafür gegeben haben mag. War es wirklich Ihr Ziel? War es ein zutiefst sinnerfülltes Ziel? Führte Ihr Aktionsplan wirklich zu diesem Ziel?

Oft geht es im Leben zwei Schritte vor und einen zurück. Das ist normal. Denken Sie an erfolgreiche Unternehmer: Jeder von ihnen hat Fehler gemacht oder eine Idee verfolgt, die nicht von Erfolg gekrönt war. Es kommt darauf an, zu merken, wann man einen Fehler gemacht hat, wann eine Idee nicht trägt. Auch wenn Sie im ersten Anlauf ein Ziel nicht erreichen: Gescheitert ist jemand erst, wenn er sich aufgibt.

Schreiben Sie Ihre Erfolge auf ein Blatt Papier und hängen Sie es gut sichtbar über Ihrem Schreibtisch auf oder kleben Sie es an den Badezimmerspiegel.

Genießen Sie Ihren Erfolg und lassen Sie sich durch nichts davon abhalten, auf Ihre Erfolge stolz zu sein.

Kontrolle

Je längerfristig Ihr Ziel ist, desto wichtiger ist es, regelmäßig zu schauen, ob Sie noch auf dem richtigen Weg sind. Stimmt der Zeitplan nicht mehr, gilt es nachzujustieren. Stimmt das Ziel nicht mehr, brauchen Sie vielleicht ein bisschen mehr Ruhe, um darüber nachzudenken, wie es jetzt weitergeht.

30

- ***Habe ich mein Ziel erreicht?***
- ***Zur Kontrolle gehört die Belohnung.***
- ***Wer das richtige Ziel gewählt hat, dem geht auch nicht die Puste aus, es zu erreichen.***
- ***Ruhe finden, um den Kopf frei zu bekommen.***
- ***Scheitern ist keine Schande!***

Fast Reader

1. Wo bin ich? Inventur.

Oft ist das Erkennen der eigenen Unzufriedenheit der Startschuss für den persönlichen Entwicklungsprozess.
Selbstcoacher haben ein gutes Selbstwertgefühl. Machen Sie sich Ihre Leistungen bewusst – und seien Sie stolz darauf.

30 ***Die Bestandsaufnahme***
Um sich weiterzuentwickeln, benötigen Sie ein ordentliches Quäntchen Energie. Die eigene Situation überdenken, sich neu sortieren und sich Ziele setzen, erfordert Kraft und Ausdauer. Selbstcoacher achten darauf, dass ihre Energie nicht wirkungslos verpufft.

- ***Nehmen Sie Ihre Unzufriedenheit als Hinweis darauf, etwas zu verändern.***

- ***Geben Sie sich den Wert, den Sie verdienen.***
- ***Schauen Sie genau hin: Was gibt Ihnen Energie, was raubt Ihnen Energie?***

2. Wie bin ich denn hierher gekommen? Analyse.

Die Entscheidung liegt bei Ihnen – übernehmen Sie die Verantwortung für Ihr Leben selbst oder geben Sie sie ab?
Sich über verpasste Chancen zu ärgern, kostet Energie. Sehen Sie lieber die positiven Seiten Ihrer damaligen Entscheidungen.
Lernen Sie Ihre Wünsche und Träume kennen und entscheiden Sie sich, ob es wert ist, diese zu verwirklichen.

Analyse

Wagen Sie einen kurzen Blick in die Vergangenheit. Es hilft Selbstcoachern dabei, sich selbst besser zu verstehen. Die Gründe Ihrer bisherigen Entwicklung zu kennen ist notwendig, um Ihre Entwicklung aktiv in die Hand zu nehmen.

- ***Entscheidungen der Vergangenheit zu hinterfragen hilft, Entscheidungen für die Zukunft zu treffen.***

- ***Verpassten Chancen nicht länger hinterhertrauern.***
- ***Wünsche und Träume zulassen.***
- ***Das will ich wirklich und das ist es mir wert!***
- ***Die Krise als Chance wahrnehmen.***

3. Wo will ich hin? Ziele.

Visionen entwickeln ist eine gute Möglichkeit, um herauszufinden, was Sie wirklich wollen.
Das Wissen um Ihre Talente erleichtert Ihnen das Entwickeln Ihrer Ziele.
Stärken stärken und Schwächen schwächen – so lautet das Motto des Selbstcoachings.

Ziele

30 ***Sich Ziele zu setzen ist das Herzstück des Selbstcoachings. Ohne Ziele kommen Sie zwar auch irgendwohin, aber später fragen Sie sich vielleicht: „Was soll ich hier?!" Damit Ihre Ziele erreichbar und trotzdem ambitioniert sind, ist es gut, alle persönlichen Ressourcen zu kennen:***

- ***Was motiviert mich wirklich?***
- ***Was wäre, wenn ... Eine Vision entwickeln.***
- ***Was kann, habe, weiß ich alles?***
- ***Was ist meine besondere Begabung?***
- ***Wow, ich bin einzigartig!***

Überprüfen Sie Ihre Ziele anhand der SMART-Formel. Formulieren Sie Ihre Ziele positiv und in der Gegenwartsform.

4. Wie mache ich mich auf den Weg? Umsetzung.

Werfen Sie Ballast ab – das gibt Ihnen Energie für die Umsetzung Ihrer Ziele.
Negative Gefühle und Gedanken haben Einfluss auf Ihr Verhalten und bremsen Ihren Entwicklungsprozess. Lernen Sie, diese Gefühle und Gedanken zu verändern.

Umsetzung
Wenn Sie sich Ziele gesetzt und einen Aktionsplan entwickelt haben, dann heißt es jetzt: Durchstarten! Packen Sie die Maßnahmen an, die Sie ans Ziel bringen. 30

- ***Was zählt ist: Anfangen!***
- ***Belasten Sie sich nicht mit Dingen, die Sie gar nicht wirklich wollen.***
- ***Die Kontrolle über Ihren Verstand, Ihre Gefühle und Ihr Verhalten bringt Sie sich selbst näher.***

- ***Die Beherrschung Ihrer Ängste bringt Sie Ihrem Ziel näher.***
- ***Sich Erfahrungen und Routinen bewusst machen, hilft Ihnen dabei, sie selbstbestimmt zu verändern.***

5. Wann bin ich da? Kontrolle.

Finden Sie heraus, was Ihnen guttut, und belohnen Sie sich, wenn Sie ein Ziel erreicht haben.

30 **Kontrolle**

Je längerfristig Ihr Ziel ist, desto wichtiger ist es, regelmäßig zu schauen, ob Sie noch auf dem richtigen Weg sind. Stimmt der Zeitplan nicht mehr, gilt es nachzujustieren. Stimmt das Ziel nicht mehr, brauchen Sie vielleicht ein bisschen mehr Ruhe, um darüber nachzudenken, wie es jetzt weitergeht.

- ***Habe ich mein Ziel erreicht?***
- ***Zur Kontrolle gehört die Belohnung.***
- ***Wer das richtige Ziel gewählt hat, dem geht auch nicht die Puste aus, es zu erreichen.***
- ***Ruhe finden, um den Kopf frei zu bekommen.***
- ***Scheitern ist keine Schande!***

Weiterführende Literatur

- Asgodom, Sabine: Eigenlob stimmt. Erfolg durch Selbst-PR. Econ Verlag, 4. Aufl. 2006.
- Bohn, Susanne: 30 Minuten für die Vereinbarkeit von Karriere und Beruf. GABAL Verlag 2007.
- Hofmann, Markus: Hirn in Hochform. So funktioniert Ihr Gehirn – So verbessern Sie spielend leicht Ihr Gedächtnis. Verlag Carl Ueberreuter 2009.
- Löhr, Jörg: Projekt Gold. Wege zur Höchstleistung, Spitzensport als Erfolgsmodell. GABAL Verlag 2008.
- Seiwert, Lothar J.: 30 Minuten für optimales Zeitmanagement. GABAL Verlag, 8. Aufl. 2006.

Register

Aktionsplan 66, 85, 88
Aktivitäten 17ff.
Ängste 68ff.
Auszeit 84ff.

Ballast 67f.
Begabung 44ff.
Belohnung 82ff.
Bestandsaufnahme 10f., 21, 90

Chancen 29ff.

Einzigartigkeit 43, 53ff.
Energie 16ff., 67
Entscheidungen 24ff.
Erfolg 82f.

Gedanken 12, 26, 40, 55, 69, 71, 72ff. 75, 93
Gedankenhygiene 72ff.
Gefühle 72, 73, 75, 79, 93

Inventur 9ff.

Krise 33ff.
Können 47ff.

Lebenstraum 32f.
Leistung 15, 42, 51, 90
Leistungsbereitschaft 16ff.
Leistungsfähigkeit 19

Motivation 38

Neuorientierung 19

Orientierungslosigkeit 87

Persönlichkeit 10, 69, 73, 84
Persönlichkeitsentwicklung 67

Ressourcen 10, 37, 63, 92
Risiken 29, 31, 70
Routine 42, 65, 77ff.

Schwächen 50ff., 92
Selbstwert 15
SMART-Formel 56ff.
Stärken 37, 43, 44, 47, 50ff., 92
Stolz 14f., 56, 84

Talente 47, 50, 92
Träume 24, 30ff.

Umsetzung 65ff.
Umwege 87
USP 55

Verhaltensweisen 73f.
Vision 39ff., 92

Werte 39, 74
Wissen 43, 44, 47ff.
Wünsche 10, 14, 24, 30ff., 91, 92

Ziele 37ff., 55ff.